RECEPTKÖNYV A TROPIKUS FIJI ÍZEKBŐL

Ismerje meg az ízek egyedi fúzióját, amelyek meghatározzák a fidzsi főzést

Zétény Gál

szerzői jog Anyag ©2023

Minden jogok Fenntartva .

Nem rész nak,-nek ez könyv lehet lenni használt vagy továbbított ban ben Bármi forma vagy által Bármi eszközök nélkül a megfelelő írott beleegyezés nak,-nek a kiadó és szerzői jog tulajdonos, kivéve számára rövid idézetek használt ban ben a felülvizsgálat. Ez könyv kellene nem lenni figyelembe vett a helyettes számára orvosi, jogi, vagy Egyéb szakmai tanács.

TARTALOMJEGYZÉK

TARTALOMJEGYZÉK..3
BEVEZETÉS..7
REGGELI..8
1. Fidzsi kókuszos zsemle...9
2. Fidzsi kókuszos kenyér...12
3. Fidzsi-mézes torta...14
4. Fidzsi pudingtorta...17
5. Lovo...20
6. Parāoa Parai (gluténmentes sült kenyér)......................22
7. Fidzsi banán palacsinta...24
8. Fidzsi stílusú francia pirítós..26
9. Csicseriborsó lisztből készült palacsinta.....................28
10. Krém búzából..31
ELŐÉTELEK...34
11. Fijian Coconut Ceviche...35
12. Fidzsi taro és kókuszos gombóc..................................38
13. Fidzsi manióka chips..40
14. Fidzsi csirke szamosa..42
15. Fijian Fish Curry Puffok..44
16. Fidzsi-i kókuszos garnélarák.......................................46
17. Fidzsi-i fűszerezett pörkölt dió....................................48
FŐÉTEL...50
18. Fiji sült rizs..51
19. Fijian Chicken Chop Suey..53
20. Fidzsi Grillezett Mahi Mahi..56
21. Grillezett Csirke Földalatti Sütőben...........................59
22. Kókuszkrémben párolt fidzsi polip.............................61
23. Fidzsi-i kókuszhal spenóttal és rizzsel.......................64
KURRI ÉS LEVESEK..67
24. Fidzsi csirke, paradicsom és burgonya curry...........68
25. Fijian Crabs Curry..71
26. Fidzsi-i currys garnélarák...74

27. Manióka kókuszos curry..77
28. Fidzsi kacsa curry..80
29. Fijian Fish Curry..83
30. Fidzsi kecske curry...86
31. Fidzsi taro és spenótleves...89
32. Fidzsi báránypörkölt..91
33. Fijian Squash kelkáposzta curry..94
34. Fidzsi spenótos lencse curry..96
35. Fidzsi- lencse Chipotle Curry..98
36. Fidzsi bab mustáros curry..100
37. Fidzsi fehérbab és rizs curry..102
38. Fijian Red Quinoa burgonyával......................................104
39. Fidzsi Curried vörös lencse...107
40. Fijian Black-eyed peas curry...110
41. Fidzsi csicseriborsó curry..112
42. Fijian Coconut Vegyes lencse...115
43. Fidzsi paradicsom és cékla leves curry...........................118
44. Fidzsi sütőtök és kókuszleves...120
45. Fiji kurkuma karfiol leves..122
46. Fidzsi fűszeres báránypörkölt...125
47. Fidzsi vöröslencse leves..128
48. Fijian vajas csirke curry...131
49. Fidzsi Darált csirke chili..134
50. Fidzsi csirke és spenótos curry.......................................137
51. Fidzsi Curried kókuszos garnélarák................................140
52. Fijian L amb vindaloo Fusion...143
53. Fijian Coconut Beef Curry..146
KÖRETEK ÉS SALÁTÁK...148
54. Roti (Fijian Flatbread)...149
55. Fidzsi párolt kókusz és manióka.....................................151
56. Fidzsi főtt taro levelek és kókuszkrém...........................153
57. Fidzsi-tengeri szőlő...155
58. Fidzsi-szigeteki sült padlizsán gyógynövényekkel.......157
59. Fidzsi nyers halsaláta (Kokoda).....................................159
60. Fijian Coconut Roti...162

61. Fidzsi zöld papaya saláta...165
62. Fidzsi ananász és uborka saláta..167
63. Fijian Creamed Taro (Taro kókuszkrémben)..............169
FŰSZEREK...171
64. Fidzsi-i fűszeres Tamarind Chutney...............................172
65. Gyömbér-fokhagyma paszta...174
66. Fidzsi csípős paprikaszósz (Buka, Buka)......................176
67. Fijian Tamarind Dip..178
68. Fijian Coconut Sambal..180
69. Fijian Taro levélszósz (Rourou Vakasoso)..................182
70. Fidzsi-pácolt mangó (Toroi)...184
71. Fijian Chilis Mango Chutney..186
72. Fijian koriander és lime chutney.....................................188
73. Fijian Ananász Salsa..190
DESSZERT...192
74. Fidzsi banántorta..193
75. Fidzsi manióka torta..196
76. Fidzsi Raita..198
77. Kókuszban főtt fidzsi útifű...200
78. Fidzsi ananászos pite...202
79. Fidzsi stílusú pudingos pite feltéttel..............................204
80. Fidzsi banán tápióka puding..207
81. Fijian Ananász és kókusz apróság..................................209
82. fidzsi kókusztorta (Tavola)...211
83. Fidzsi banán és kókusz puding..213
84. Fijian Taro és Kókuszgolyók (Kokoda Maravu).........215
85. Fidzsi ananász és banán kenyér......................................217
ITALOK..219
86. Fijian Kava Root Drink..220
87. Fiji banán turmix..222
88. Fijian Ananász puncs..224
89. Fidzsi kókusz és rum koktél..226
90. Fidzsi gyömbéres sör..228
91. Fijian Papaya Lassi...230
92. Fidzsi rum puncs..232

93. Fijian ananász és kókusz turmix....................................234
94. Fijian Mango Lassi...236
95. Fidzsi kókuszos Mojito...238
96. Fidzsi gyömbér és citromfű tea....................................240
97. Fijian Tamarind Cooler..242
98. Fijian Kava Colada..244
99. Fidzsi görögdinnye és menta hűtő...............................246
100. Fijian Passion koktél..248
KÖVETKEZTETÉS..250

BEVEZETÉS

Üdvözöljük a "RECEPTKÖNYV A TROPIKUS FIJI ÍZEKBŐL:" Fidzsi-szigetek, a Csendes-óceán déli részének ékszere, nemcsak lenyűgöző természeti szépséggel büszkélkedhet, hanem gazdag és változatos kulináris hagyományokkal is, amelyek tükrözik a szigetek vibráló kultúráját és történelmét.

A következő oldalakon egy gasztronómiai kalandra hívjuk, fedezze fel a fidzsi konyhát meghatározó ízek egyedi fúzióját. Viti Levu partjaitól Vanua Levu távoli falvaiig a fidzsi konyha az ország kulturális sokszínűségét tükrözi, friss tenger gyümölcseivel, trópusi gyümölcsökkel, aromás fűszerekkel és olyan hagyományos főzési módokkal, mint a lovo, a föld sütő.

Ez a szakácskönyv a kulcsa a fidzsi konyha titkainak feltárásához, akár tapasztalt szakács, akár lelkes házi szakács. Együtt elmélyülünk a fidzsi kulináris hagyományok szívében, felfedezzük a nagyra becsült családi recepteket, és hozzáigazítjuk az Ön konyhájához. Szóval, fogd a hozzávalókat, öleld át a trópusi hangulatot, és kezdjük el ezt az ízletes utazást a Fidzsi-szigetek ízein keresztül.

REGGELI

1. Fidzsi kókuszos zsemle

ÖSSZETEVŐK:

- 3 csésze univerzális liszt
- 1/4 csésze kristálycukor
- 1 csomag (7g) instant száraz élesztő
- 1/2 teáskanál só
- 1/2 csésze meleg víz
- 1/2 csésze kókusztej
- 1/4 csésze növényi olaj
- 1 teáskanál vanília kivonat
- Szárított kókusz (opcionális, öntethez)

UTASÍTÁS:

a) Egy nagy tálban keverje össze az univerzális lisztet, a kristálycukrot, az instant száraz élesztőt és a sót.
b) Egy külön tálban keverje össze a meleg vizet, a kókusztejet, a növényi olajat és a vaníliakivonatot.
c) Fokozatosan adjuk hozzá a nedves hozzávalókat a száraz hozzávalókhoz, gyúrjuk a tésztát, amíg sima és rugalmas nem lesz. Használhat tésztakampós rögzítővel ellátott állványkeverőt, vagy lisztezett felületen kézzel gyúrhatja.
d) A tésztát kivajazott tálba tesszük, nedves ruhával letakarjuk, és meleg helyen kelesztjük kb. 1 órát, vagy amíg a duplájára nem nő.
e) Melegítsd elő a sütőt 175°C-ra (350°F).
f) A megkelt tésztát kiszaggatjuk és kis golyókra osztjuk.
g) Sütőpapírral bélelt tepsire helyezzük a golyókat.
h) Opcionális: Kenjük meg a zsemle tetejét egy kevés kókusztejjel, és szórjunk a tetejére szárított kókuszt.
i) Előmelegített sütőben körülbelül 15-20 percig sütjük, vagy amíg a zsemlék aranybarnák nem lesznek.

j) Tálalás előtt vegyük ki a sütőből, és hagyjuk kissé kihűlni a fidzsi kókuszos zsemlét.

2. Fidzsi kókuszos kenyér

ÖSSZETEVŐK:

- 3 csésze univerzális liszt
- 2 teáskanál sütőpor
- 1/2 teáskanál só
- 1/2 csésze kristálycukor
- 1 csésze szárított kókuszdió (cukrozatlan)
- 1 1/4 csésze kókusztej
- 1/4 csésze növényi olaj
- 1 teáskanál vanília kivonat

UTASÍTÁS:

a) Melegítsd elő a sütőt 175°C-ra (350°F). Egy cipóformát kivajazunk.

b) Egy nagy tálban keverje össze az univerzális lisztet, a sütőport, a sót, a kristálycukrot és a szárított kókuszt.

c) Egy külön tálban keverjük össze a kókusztejet, a növényi olajat és a vaníliakivonatot.

d) Fokozatosan adjuk hozzá a nedves hozzávalókat a száraz hozzávalókhoz, addig keverjük, amíg össze nem áll. Ügyeljen arra, hogy ne keverje túl.

e) Öntsük a masszát a kivajazott tepsibe.

f) Előmelegített sütőben körülbelül 45-50 percig sütjük, vagy amíg a közepébe szúrt fogpiszkáló tisztán ki nem jön.

g) Hagyja a kókuszos kenyeret 10 percig hűlni a serpenyőben, mielőtt egy rácsra helyezi, hogy teljesen kihűljön.

h) Szeletelje fel és élvezze a fidzsi kókuszos kenyeret vajjal vagy kedvenc kenőcsével.

3. Fidzsi-mézes torta

ÖSSZETEVŐK:

- 2 csésze univerzális liszt
- 1 teáskanál sütőpor
- 1/2 teáskanál szódabikarbóna
- 1/4 teáskanál só
- 1 teáskanál őrölt fahéj
- 1/2 teáskanál őrölt szerecsendió
- 1/2 csésze sózatlan vaj, megpuhult
- 1/2 csésze kristálycukor
- 1/2 csésze méz
- 2 nagy tojás
- 1 csésze natúr joghurt
- 1 teáskanál vanília kivonat
- Mézes máz (opcionális, csepegtetőhöz)

UTASÍTÁS:

a) Melegítsd elő a sütőt 175°C-ra (350°F). Egy 9x13 hüvelykes tepsit kivajazunk és lisztezzünk.

b) Egy közepes tálban keverje össze az univerzális lisztet, a sütőport, a szódabikarbónát, a sót, az őrölt fahéjat és az őrölt szerecsendiót.

c) Egy külön nagy tálban habosra keverjük a puha vajat és a kristálycukrot.

d) Egyenként keverjük hozzá a mézet és a tojást, amíg jól össze nem áll.

e) Adjuk hozzá a natúr joghurtot és a vaníliakivonatot a nedves hozzávalókhoz, és keverjük simára.

f) Fokozatosan adjuk hozzá a száraz lisztes keveréket a nedves hozzávalókhoz, addig keverjük, amíg össze nem áll. Ügyeljen arra, hogy ne keverje túl.

g) A masszát az előkészített tepsibe öntjük és egyenletesen elosztjuk.
h) Előmelegített sütőben körülbelül 25-30 percig sütjük, vagy amíg a közepébe szúrt fogpiszkáló tisztán ki nem jön.
i) Választható: A meleg süteményt mézes mázzal csorgatja, hogy még édesebbé és fényesebbé tegye.
j) Szeletelés és tálalás előtt hagyja kihűlni a Fijian Honey Cake-t.

4. Fidzsi pudingtorta

ÖSSZETEVŐK:

- 1 csésze univerzális liszt
- 1/2 csésze kristálycukor
- 2 teáskanál sütőpor
- 1/4 teáskanál só
- 1/2 csésze tej
- 2 evőkanál sótlan vaj, olvasztott
- 1 teáskanál vanília kivonat
- 1/2 csésze barna cukor
- 1/2 csésze apróra vágott dió (például dió vagy pekándió)
- 1 csésze forrásban lévő víz
- Tejszínhab vagy fagylalt, tálaláshoz (elhagyható)

UTASÍTÁS:

a) Melegítsd elő a sütőt 175°C-ra (350°F). Egy 9x9 hüvelykes tepsit kivajazunk.
b) Egy közepes tálban keverje össze az univerzális lisztet, a kristálycukrot, a sütőport és a sót.
c) Keverje hozzá a tejet, az olvasztott vajat és a vaníliakivonatot, amíg sima tésztát nem kap.
d) A masszát egyenletesen elosztjuk az előkészített tepsiben.
e) Egy külön tálban keverjük össze a barna cukrot és az apróra vágott diót.
f) A tepsiben lévő tésztára szórjuk a barna cukor és a dió keverékét.
g) A forrásban lévő vizet óvatosan egyenletesen öntsük a tepsiben lévő keverék tetejére. Ne keverje.
h) Előmelegített sütőben kb 30-35 percig sütjük, vagy amíg a torta aranybarna nem lesz, és a tortarészbe szúrt fogpiszkáló tisztán ki nem jön.

i) Tálalás előtt hagyja kissé lehűlni a fidzsi pudingtortát.
j) Melegen tálaljuk tejszínhabbal vagy fagylalttal, ha kívánjuk, kellemes desszertként.

5. Lovo

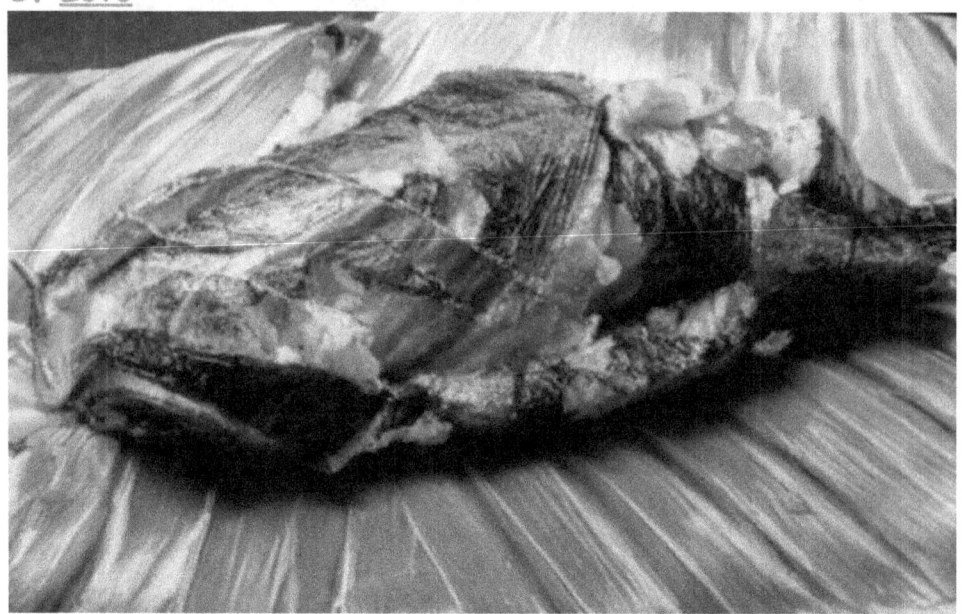

ÖSSZETEVŐK:

- Manióka
- Taro gyökér
- Édesburgonya
- Főtt kukoricát
- Kókusztej

UTASÍTÁS:

a) Csomagolja be a maniókát, a taro gyökeret, az édesburgonyát és a kukoricát banánlevélbe.
b) Helyezze a becsomagolt zöldségeket földalatti sütőbe (lovo) vagy hagyományos sütőbe 180 °C-on.
c) 1-2 órán át sütjük, amíg a zöldségek megpuhulnak.
d) Frissen facsart kókusztejjel tálaljuk.

6. Parāoa Parai (gluténmentes sült kenyér)

ÖSSZETEVŐK:

- 250 g egészséges kenyérkeverék
- 8 g aktív szárított élesztő
- 15 g cukor vagy méz
- ½ teáskanál Só
- 300 ml Víz - enyhén meleg

UTASÍTÁS:

a) Keverje össze az összes hozzávalót, amíg tésztát nem kap.

b) Óvatosan összegyúrjuk golyóvá, majd tálban hagyjuk, és konyharuhával letakarjuk. Hagyjuk keleszteni, amíg duplájára nem nő, kb. 1 óra, ez nem számít, ha egy kicsit tovább hagyjuk, ahogy szeretnéd, hogy könnyű és szellős legyen.

c) A megkelt tésztát enyhén lisztezett padra szedjük a tálból. Óvatosan nyújtsuk ki a tésztát 15 mm vastagságúra, és vágjuk 6 cm x 6 cm-es négyzetekre.

d) Melegíts fel egy közepes méretű olajat 165 °C-ra. Az olajat olyan mélyre tesszük, hogy a tészta ne érjen hozzá az alaphoz, és sütés közben lebeghessen.

e) TIPP: Annak ellenőrzéséhez, hogy a hőmérséklet elég meleg-e, helyezze egy fakanál végét az olajba. Ha buborékol, az olaj készen áll. Túl forró az olaj, ha a tészta túl gyorsan aranybarnára sül, és a belseje még tésztaszerű/nyers.

f) Óvatosan helyezze a tésztát a forró olajba, és süsse aranybarnára, kb. 30 másodperc oldalanként. Ha megsült, kivesszük az olajból, és papírtörlővel bélelt edénybe tesszük. Tálalás előtt 5 percig pihentetjük.

7. Fidzsi banán palacsinta

ÖSSZETEVŐK:
- 2 érett banán, pépesítve
- 1 csésze univerzális liszt
- 1 tk sütőpor
- 1/2 csésze tej
- 1 tojás
- 2 evőkanál cukor
- Főzéshez vaj vagy olaj

UTASÍTÁS:
a) Egy tálban keverjük össze a pépesített banánt, a lisztet, a sütőport, a tejet, a tojást és a cukrot. Addig keverjük, amíg sima tésztát nem kapunk.
b) Melegíts fel egy serpenyőt vagy serpenyőt közepes lángon, és adj hozzá egy kevés vajat vagy olajat.
c) A tésztából kis adagokat öntünk a serpenyőbe, hogy palacsintákat készítsünk.
d) Addig sütjük, amíg buborékok keletkeznek a felületen, majd megfordítjuk, és a másik oldalát is aranybarnára sütjük.
e) Tálalja a fidzsi banán palacsintát mézzel vagy sziruppal.

8. Fidzsi stílusú francia pirítós

ÖSSZETEVŐK:

- 4 szelet kenyér
- 2 tojás
- 1/2 csésze kókusztej
- 2 evőkanál cukor
- 1/4 teáskanál fahéj
- Vaj a sütéshez

UTASÍTÁS:

a) Egy sekély tálban keverjük össze a tojásokat, a kókusztejet, a cukrot és a fahéjat.

b) Melegíts fel egy serpenyőt vagy serpenyőt közepes lángon, és adj hozzá egy kevés vajat.

c) Minden szelet kenyeret mártson a tojásos keverékbe, mindkét oldalát bevonva.

d) Helyezze a bevont kenyeret a serpenyőbe, és süsse aranybarnára mindkét oldalát.

e) Tálalja a fidzsi stílusú francia pirítóst mézzel vagy sziruppal.

9. Csicseriborsó lisztből készült palacsinta

ÖSSZETEVŐK:

- 2 csésze (184 g) gramm (csicseriborsó) liszt (besan)
- 1½ csésze (356 g) víz
- 1 kis hagyma, meghámozva és felaprítva (körülbelül ½ csésze [75 g])
- 1 darab gyömbér gyökér meghámozva és reszelve vagy darálva
- 1-3 zöld thai, serrano vagy cayenne chili apróra vágva
- ¼ csésze (7 g) szárított görögszéna levél (kasoori methi)
- ½ csésze (8 g) friss koriander, darálva
- 1 teáskanál durva tengeri só
- ½ teáskanál őrölt koriander
- ½ teáskanál kurkuma por
- 1 teáskanál vörös chili por vagy cayenne olaj, serpenyőben sütéshez

UTASÍTÁS:

a) Egy mély tálban keverjük simára a lisztet és a vizet. Szeretek habverővel kezdeni, majd a kanál hátával letörni a rendesen kialakuló kis lisztcsomókat.
b) Hagyja a keveréket legalább 20 percig állni.
c) Adjuk hozzá a többi hozzávalót az olaj kivételével, és jól keverjük össze.
d) Melegíts fel egy serpenyőt közepesen magas lángon.
e) Adjunk hozzá ½ teáskanál olajat, és oszlassuk el a rácson egy kanál vagy egy papírtörlő hátával. Használhat főzőpermetet is, hogy egyenletesen bevonja a serpenyőt.
f) Egy merőkanállal öntsön ¼ csésze (59 ml) tésztát a serpenyő közepébe. A merőkanál hátuljával körkörös mozdulatokkal, az óramutató járásával megegyezően

terítsük szét a masszát a serpenyő közepétől a külseje felé, hogy vékony, kerek, körülbelül 12,5 cm átmérőjű palacsintát kapjunk.

g) Süssük enyhén barnára az egyik oldalát, körülbelül 2 percig, majd fordítsuk meg, hogy a másik oldala is megsüljön. A spatulával lenyomkodjuk, hogy a közepe is átsüljön.

h) A maradék tésztát kifőzzük, szükség szerint olajjal, hogy ne ragadjon le.

i) Tálaljuk a menta vagy barack chutney oldalával.

10. Krém búzából

ÖSSZETEVŐK:

- 3 csésze (534 g) búzakrém (szóoji)
- 2 csésze (474 ml) cukrozatlan natúr szójajoghurt
- 3 csésze (711 ml) víz
- 1 teáskanál durva tengeri só
- $\frac{1}{2}$ teáskanál őrölt fekete bors
- $\frac{1}{2}$ teáskanál vörös chili por vagy cayenne
- $\frac{1}{2}$ sárga vagy vöröshagyma, meghámozva és apróra vágva
- 1-2 zöld thai, serrano vagy cayenne chili apróra vágva
- Olaj, serpenyőben sütéshez, félretesszük egy kis tálkában
- $\frac{1}{2}$ nagy hagyma, meghámozva és félbevágva (az elkészítéshez)

UTASÍTÁS:

a) Egy mély tálban keverjük össze a búzatejszínt, a joghurtot, a vizet, a sót, a fekete borsot és a piros chiliport, és tegyük félre 30 percre, hogy kissé megerjedjen.
b) Hozzáadjuk a felkockázott hagymát és a chilit. Óvatosan keverjük össze.
c) Melegíts fel egy serpenyőt közepesen magas lángon. Tegyünk 1 teáskanál olajat a serpenyőbe.
d) Ha a serpenyő felforrósodott, szúrjunk egy villát a hagyma fel nem vágott, lekerekített részébe. A villa fogantyúját fogva dörzsölje át a hagyma felvágott felét oda-vissza a serpenyőn. A hő, a hagymalé és az olaj kombinációja segít megakadályozni, hogy a dósa leragadjon. Tartsa kéznél a hagymát a belehelyezett villával, hogy újra felhasználhassa az adagok között. Amikor megfeketedett a serpenyőtől, csak vékonyan szeleteljük le az elejét.

e) Tartson egy kis tál olajat az oldalán egy kanállal - később felhasználhatja.

f) Most végre a főzéshez! Öntsön egy kicsit több, mint $\frac{1}{4}$ csésze (59 ml) tésztát a forró, előkészített serpenyő közepébe. A merőkanál hátuljával lassan az óramutató járásával megegyező mozdulatokat végezzen a serpenyő közepétől a külső széle felé, amíg a tészta vékony és palacsintaszerű nem lesz. Ha a keverék azonnal buborékosodni kezd, csak kissé csökkentse a hőt.

g) Kiskanállal vékony sugárban olajat öntünk körbe a tésztát.

h) Hagyja főni a dosát, amíg kissé megpirul és elválik a serpenyőtől. Fordítsd meg és süsd meg a másik oldalát is.

ELŐÉTELEK

11. Fijian Coconut Ceviche

ÖSSZETEVŐK:
- 1 lb főtt garnélarák vagy hal, meghámozva és kifőzve
- 1 uborka, felkockázva
- 1 paradicsom, felkockázva
- 1 kaliforniai paprika (bármilyen színű), felkockázva
- 1/4 csésze apróra vágott vöröshagyma
- 1/4 csésze apróra vágott friss koriander
- 2-3 lime leve
- 1/2 csésze kókusztej
- Só és bors ízlés szerint
- Finomra vágott chili paprika (elhagyható, a melegítés érdekében)
- Pirított kókuszreszelék (elhagyható, díszítéshez)
- Cracker vagy tortilla chips, tálaláshoz

UTASÍTÁS:

a) Egy nagy tálban keverje össze a főtt garnélarákot vagy halat, kockára vágott uborkát, paradicsomot, kaliforniai paprikát, lilahagymát és az apróra vágott koriandert.

b) Egy külön kis tálban keverjük össze a lime levét, a kókusztejet, a sót és a borsot. A fűszerezést ízlés szerint állítsa be.

c) Öntse a kókusztejet és a lime öntetet a garnélarák- vagy halkeverékre a nagy tálban.

d) 4. Keverjük össze mindent, amíg a hozzávalókat jól be nem vonja az öntettel.

e) Ha jobban szereti a meleget, finomra vágott chilipaprikát is tehet a ceviche-hez, és belekeverheti.

f) Fedjük le a tálat műanyag fóliával, és tegyük hűtőbe legalább 30 percre, hogy az ízek összeérjenek.

g) Tálalás előtt keverje meg a Fijian Coconut Ceviche-t, és kóstolja meg a fűszerezést. Ha szükséges, sózzuk, borsozzuk vagy lime levével.

h) Ha szükséges, szórjon pirított kókuszreszeléket a ceviche tetejére, hogy hozzáadja a textúrát és egy kis kókusz ízt.

i) Tálalja a Fijian Coconut Ceviche-t keksszel vagy tortilla chipsekkel lehűtve frissítő és kellemes előételként vagy könnyű ételként.

12. Fidzsi taro és kókuszos gombóc

ÖSSZETEVŐK:

- 2 csésze taro, meghámozva és lereszelve
- 1 csésze kókuszreszelék
- 1/2 csésze cukor
- Egy csipet só

UTASÍTÁS:

a) Keverjük össze a reszelt tarot és a kókuszt egy keverőtálban.
b) Adjunk hozzá cukrot és egy csipet sót, majd jól keverjük össze.
c) A keverékből kis gombócokat formálunk, és körülbelül 20-30 percig pároljuk, vagy amíg meg nem szilárdulnak.
d) Tálalja ezeket az édes és keményítőtartalmú gombócokat fidzsi reggeli finomságként.

13. Fidzsi manióka chips

ÖSSZETEVŐK:

- 2 nagy manióka gyökér
- Növényi olaj sütéshez
- Só és bors ízlés szerint

UTASÍTÁS:

a) Hámozza meg a manióka gyökereit, és szeletelje fel vékony körökre vagy csíkokra.
b) Melegítsünk növényi olajat egy mély serpenyőben vagy edényben.
c) A manióka szeleteket aranybarnára és ropogósra sütjük.
d) Kivesszük az olajból és papírtörlőn leszűrjük.
e) Ízlés szerint sózzuk, borsozzuk.
f) Tálaljuk a manióka chipseket ropogós fidzsi előételként.

14. Fidzsi csirke szamosa

ÖSSZETEVŐK:
- 1 csésze főtt csirke, felaprítva
- 1/2 csésze kockára vágott burgonya, főtt
- 1/2 csésze borsó
- 1/4 csésze kockára vágott sárgarépa, főtt
- 1/4 csésze finomra vágott hagyma
- 2 gerezd fokhagyma, felaprítva
- 1 tk curry por
- Só és bors ízlés szerint
- Samosa csomagolóanyagok (boltokban kapható)
- Növényi olaj sütéshez

UTASÍTÁS:
a) Egy serpenyőben illatosra pároljuk a hagymát és a fokhagymát.
b) Adjuk hozzá a csirkét, a burgonyát, a borsót, a sárgarépát és a curryport. Főzzük néhány percig.
c) Sózzuk, borsozzuk.
d) Töltsük meg a samosa csomagolóanyagot a keverékkel, hajtsuk háromszög alakúra, és zárjuk le a széleit kevés vízzel.
e) Egy mély serpenyőben felforrósítjuk a növényi olajat, és addig sütjük a szamosát, amíg aranybarna és ropogós nem lesz.
f) Tálaljuk ezeket a finom fidzsi csirke szamosákat chutneyval.

15. Fijian Fish Curry Puffok

ÖSSZETEVŐK:

- 1 csésze főtt hal, pelyhesítve
- 1/2 csésze kockára vágott burgonya, főtt
- 1/4 csésze borsó
- 1/4 csésze kockára vágott sárgarépa, főtt
- 1/4 csésze kockára vágott hagyma
- 1 gerezd fokhagyma, felaprítva
- 1 tk curry por
- Só és bors ízlés szerint
- Leveles tésztalapok (boltokban kapható)

UTASÍTÁS:

a) Egy serpenyőben illatosra pároljuk a hagymát és a fokhagymát.

b) Adjuk hozzá a halat, a burgonyát, a borsót, a sárgarépát és a curryport. Főzzük néhány percig.

c) Sózzuk, borsozzuk.

d) A masszával megtöltjük a leveles tésztalapokat, háromszög alakúra hajtjuk, a szélüket lezárjuk.

e) Süssük a leveles tészta csomagolásán található utasítások szerint, amíg aranybarnák és puffadt nem lesznek.

f) Tálalja előételként ezeket az ízletes fidzsi hal-curry-felfújásokat.

16. Fidzsi-i kókuszos garnélarák

ÖSSZETEVŐK:

- 1/2 lb nagy garnélarák, meghámozva és kifejtve
- 1 csésze kókuszreszelék
- 1/2 csésze univerzális liszt
- 1 tojás, felvert
- Só és bors ízlés szerint
- Növényi olaj sütéshez

UTASÍTÁS:

a) Egy tálban keverjük össze a kókuszreszeléket egy csipet sóval és borssal.

b) Minden garnélarákot mártsunk a felvert tojásba, majd vonjuk be kókuszreszelékkel.

c) Egy serpenyőben felforrósítjuk a növényi olajat, és a bevont garnélarákot aranybarnára és ropogósra sütjük.

d) Tálalja ezeket a finom fidzsi kókuszos garnélarákokat választott mártogatós szósszal.

17. Fidzsi-i fűszerezett pörkölt dió

ÖSSZETEVŐK:

- 2 csésze vegyes dió (mandula, kesudió, földimogyoró stb.)
- 1 evőkanál olívaolaj
- 1 tk curry por
- 1/2 teáskanál őrölt kömény
- 1/2 tk paprika
- Só ízlés szerint

UTASÍTÁS:

a) Melegítsd elő a sütőt 180°C-ra (350°F).

b) Egy tálban dobd bele az elkevert diót olívaolajjal, curryporral, köménnyel, paprikával és egy csipet sóval.

c) A fűszerezett diót egy tepsire terítjük, és 10-15 percig sütjük, vagy amíg illatos lesz és enyhén megpirul.

d) Hagyja kihűlni, mielőtt fűszeres fidzsi diós keverékként tálalja.

FŐÉTEL

18. Fiji sült rizs

ÖSSZETEVŐK:

- 2 csésze főtt rizs, lehűtve
- 2 tojás, felvert
- 1/2 csésze kockára vágott sonka vagy főtt csirke
- 1/2 csésze kockára vágott ananász
- 1/2 csésze vegyes kockára vágott zöldség (kaliforniai paprika, borsó, sárgarépa stb.)
- Szójaszósz ízlés szerint
- Só és bors ízlés szerint
- Főzőolaj

UTASÍTÁS:

a) Egy nagy serpenyőben vagy wokban közepes-magas lángon hevíts fel egy kis olajat.
b) Hozzáadjuk a felvert tojást, és felverjük. Vegyük ki a serpenyőből és tegyük félre.
c) Ugyanabban a serpenyőben adjunk hozzá még egy kis olajat, ha szükséges, és kevergetve pirítsuk a felkockázott sonkát vagy csirkét és a vegyes zöldségeket, amíg megpuhulnak.
d) Adjuk hozzá a főtt rizst, a rántottát, a kockára vágott ananászt és egy csepp szójaszószt. Kevergetve addig sütjük, amíg minden át nem melegszik és jól össze nem áll.
e) Ízlés szerint sózzuk, borsozzuk.
f) Forrón tálalja a fidzsi reggeli sült rizst.

19. Fijian Chicken Chop Suey

ÖSSZETEVŐK:

- 1 kg csont nélküli, bőr nélküli csirkemell vagy comb, vékonyra szeletelve
- 2 evőkanál növényi olaj
- 1 hagyma, szeletelve
- 2 gerezd fokhagyma, felaprítva
- 1 hüvelykes darab friss gyömbér, reszelve
- 1 csésze szeletelt káposzta
- 1 csésze szeletelt sárgarépa
- 1 csésze szeletelt kaliforniai paprika (piros, zöld vagy sárga)
- 1 csésze szeletelt brokkoli rózsa
- 1/4 csésze szójaszósz
- 2 evőkanál osztrigaszósz
- 1 evőkanál kukoricakeményítő 2 evőkanál vízben feloldva
- Főtt fehér rizs, tálaláshoz

UTASÍTÁS:

a) Egy nagy serpenyőben vagy wokban melegítse fel a növényi olajat közepesen magas lángon.

b) Hozzáadjuk a felszeletelt csirkemellet, és kevergetve addig sütjük, amíg megpuhul és enyhén megpirul. Vegye ki a csirkét a serpenyőből, és tegye félre.

c) Ugyanabban a serpenyőben adjunk hozzá még egy kis olajat, ha szükséges, és pároljuk a felszeletelt hagymát, a darált fokhagymát és a reszelt gyömbért, amíg illatos lesz és a hagyma áttetsző lesz.

d) Adja hozzá a szeletelt káposztát, a sárgarépát, a kaliforniai paprikát és a brokkolit a serpenyőbe. Néhány percig kevergetve pirítsuk a zöldségeket, amíg megpuhulnak.

e) A megfőtt csirkét visszatesszük a serpenyőbe, és összekeverjük a zöldségekkel.

f) Egy kis tálban keverjük össze a szójaszószt és az osztrigaszószt. Öntsük a szószt a csirkére és a zöldségekre, és keverjük össze az egészet, amíg jól bevonat nem lesz.

g) Keverje hozzá a kukoricakeményítő keveréket, hogy a szósz kissé besűrűsödjön.

h) Tálalja a Fijian Chicken Chop Suey-t főtt fehér rizs fölött, hogy ízletes és kielégítő ételt készítsen.

20. Fidzsi Grillezett Mahi Mahi

ÖSSZETEVŐK:

- 4 db Mahi Mahi filé (vagy bármilyen kemény fehér hal)
- 1/4 csésze kókusztej
- 2 evőkanál limelé
- 2 gerezd fokhagyma, felaprítva
- 1 teáskanál reszelt friss gyömbér
- 1 teáskanál őrölt kömény
- 1 teáskanál őrölt koriander
- 1/2 teáskanál kurkuma por
- Só és bors ízlés szerint
- Apróra vágott friss koriander, díszítéshez
- Lime szeletek, tálaláshoz

UTASÍTÁS:

a) Egy sekély edényben keverje össze a kókusztejet, a lime levét, a darált fokhagymát, a reszelt gyömbért, az őrölt köményt, az őrölt koriandert, a kurkumaport, a sót és a borsot a pác elkészítéséhez.
b) Helyezze a Mahi Mahi filét a pácba, ügyelve arra, hogy alaposan bevonja őket. Fedjük le az edényt, és tegyük hűtőbe legalább 30 percre, hogy az ízek átitassanak a halat.
c) Melegítsük elő a grillünket közepesen magas hőfokra.
d) Vegyük ki a Mahi Mahi filéket a pácból, és grillezzük kb. 3-4 percig mindkét oldalukon, vagy amíg megsülnek és szép grillnyomok lesznek.
e) Grillezés közben a maradék pác egy részét rákenheti a halra, hogy nedves maradjon és extra ízt adjon.
f) Ha a hal megsült, tegyük egy tálra, és díszítsük apróra vágott friss korianderrel.

g) Tálaljuk a Fijian Grilled Mahi Mahit lime-szeletekkel az oldalán, hogy a halra nyomkodjuk.

21. Grillezett Csirke Földalatti Sütőben

ÖSSZETEVŐK:

- 1 egész csirke, megtisztítva és darabokra vágva
- 1 lb bárányszelet vagy bárányhús darabok
- 1 lb sertésborda vagy sertéshúsdarabok
- 1 kg halfilé (bármilyen kemény fehér hal)
- 1 lb taro, meghámozva és kockákra vágva
- 1 kg édesburgonya, meghámozva és kockákra vágva
- 1 font manióka, meghámozva és kockákra vágva
- 1 kg útifű, meghámozva és kockákra vágva
- Banánlevél vagy alufólia, csomagoláshoz
- Só és bors ízlés szerint
- Citrom vagy lime szeletek, tálaláshoz

UTASÍTÁS:

a) Melegítsük elő a grillünket közepesen magas hőfokra.
b) A csirkét, a bárányt és a sertéshúst ízlés szerint sózzuk és borsozzuk.
c) Egy nagy tálban keverje össze a tarót, az édesburgonyát, a maniókát és az útifűszert.
d) Hozzon létre egyedi csomagokat a banánlevelekkel vagy az alufóliával úgy, hogy minden húsból és zöldségből egy adagot helyez a közepére, és hajtsa össze a leveleket vagy a fóliát, hogy biztonságosan zárja be a tartalmat.
e) Helyezze a csomagokat a grillre, és süsse körülbelül 1-1,5 órán keresztül, vagy amíg az összes hús és zöldség megpuhul és teljesen meg nem fő.
f) Óvatosan nyissa ki a csomagokat, és tegye át a grillezett tartalmat egy tálra.
g) Tálalja a fidzsi grillezett ételt földalatti sütőben citrom- vagy lime-szeletekkel az oldalára a frissesség és az íz fokozása érdekében.

22. Kókuszkrémben párolt fidzsi polip

ÖSSZETEVŐK:

- 2 lbs polip, megtisztítva és falatnyi darabokra vágva
- 2 evőkanál növényi olaj
- 1 hagyma, finomra vágva
- 2 gerezd fokhagyma, felaprítva
- 1 hüvelykes darab friss gyömbér, reszelve
- 2 paradicsom, apróra vágva
- 1 csésze kókuszkrém
- 2 csésze víz vagy hallé
- 1 evőkanál halszósz
- 1 evőkanál szójaszósz
- 1 evőkanál citrom vagy lime leve
- Só és bors ízlés szerint
- Apróra vágott friss koriander, díszítéshez
- Főtt fehér rizs, tálaláshoz

UTASÍTÁS:

a) Egy nagy fazékban vagy holland sütőben melegítse fel a növényi olajat közepes lángon.

b) Adjuk hozzá az apróra vágott hagymát, a zúzott fokhagymát és a reszelt gyömbért. Addig pirítjuk, amíg a hagyma puha és áttetsző lesz.

c) Adjuk hozzá a polipdarabokat az edénybe, és főzzük néhány percig, amíg összegömbölyödnek és átlátszatlanná válnak.

d) Keverje hozzá az apróra vágott paradicsomot, a kókusztejszínt, a vizet vagy a hallét, a halszószt, a szójaszószt és a citrom- vagy limelevet. Mindent jól összekeverünk.

e) Fedjük le az edényt, és hagyjuk a polippörköltet lassú tűzön párolni körülbelül 45 perctől 1 óráig, vagy amíg megpuhul és teljesen meg nem fő.
f) Ízlés szerint sózzuk, borsozzuk.
g) Tálalás előtt díszítsük apróra vágott friss korianderrel.
h) A kókuszkrémben párolt Fijian Octopust főtt fehér rizzsel tálaljuk, hogy egy kellemes tengeri ételt készítsen.

23. Fidzsi-i kókuszhal spenóttal és rizzsel

ÖSSZETEVŐK:
- 1 szál citromfű, apróra vágva
- 1 piros chili apróra vágva (elhagyható)
- ½ vöröshagyma, vékonyra szeletelve
- 4 érett paradicsom durvára vágva (vagy 1 konzerv összetört paradicsom)
- 1 doboz kókusztej
- 2-3 evőkanál citromlé
- 2 evőkanál halszósz
- 1 teáskanál cukor
- ¼ csésze bazsalikomlevél, durvára vágva, plusz a díszítéshez
- 600 g fehér halfilé (pl. terakihi, gurnard, snapper stb.)
- 300 g bébispenót
- Párolt rizs, tálaláshoz

UTASÍTÁS:
a) Egy nagy serpenyőben közepes lángon adjunk hozzá ¼ csésze kókusztejet, citromfüvet és chilit (ha használunk). Addig pároljuk, amíg a folyadék elpárolog, és a citromfű megpuhul (kb. 2-3 perc).
b) Hozzákeverjük a maradék kókusztejet, a felszeletelt hagymát, a paradicsomot (friss vagy konzerv), a citromlevet, a halszószt, a cukrot és az apróra vágott bazsalikomleveleket. Hagyja a keveréket 5 percig forrni, hogy az ízek összeérjenek.
c) Papírtörlővel törölje szárazra a halfilét, és győződjön meg róla, hogy nem marad benne pikkely vagy csont. Ízesítsük a halat sóval, borssal.
d) Óvatosan helyezze a halfiléket a kókuszszószba, ügyelve arra, hogy teljesen elmerüljenek. Pároljuk 4

percig, majd óvatosan fordítsuk meg a filéket, és főzzük további 1 percig, vagy amíg a hal meg nem fő.

e) Külön serpenyőben pároljuk vagy enyhén pároljuk a bébispenótot, amíg megfonnyad.

f) Tálaláskor minden tányérra kanalazzon bőséges mennyiségű rizst. A tetejére halat és ízletes kókuszszószt teszünk.

g) Az oldalára adjuk hozzá a fonnyadt spenót egy részét. Díszítsd további bazsalikomlevéllel a friss érintés érdekében.

KURRI ÉS LEVESEK

24. Fidzsi csirke, paradicsom és burgonya curry

ÖSSZETEVŐK:

- 1 lb csirkedarabok (csontozott vagy csont nélkül), apró kockákra vágva
- 2 evőkanál növényi olaj
- 1 hagyma, finomra vágva
- 2 gerezd fokhagyma, felaprítva
- 1 hüvelykes darab friss gyömbér, reszelve
- 2 paradicsom, apróra vágva
- 2 burgonya, meghámozva és felkockázva
- 1 csésze kókusztej
- 1 evőkanál curry por
- 1 teáskanál őrölt kömény
- 1 teáskanál őrölt koriander
- 1/2 teáskanál kurkuma por
- 1/4 teáskanál chili por (ízesítsd a fűszer-preferencia szerint)
- Só és bors ízlés szerint
- Apróra vágott friss koriander, díszítéshez
- Főtt fehér rizs, tálaláshoz

UTASÍTÁS:

a) Egy nagy edényben vagy serpenyőben melegítse fel a növényi olajat közepes lángon.

b) Adjuk hozzá az apróra vágott hagymát, a zúzott fokhagymát és a reszelt gyömbért. Addig pirítjuk, amíg a hagyma puha és áttetsző lesz.

c) Adjuk hozzá a csirkedarabokat az edénybe, és pirítsuk meg minden oldalukat.

d) Hozzákeverjük az apróra vágott paradicsomot, a kockára vágott burgonyát, a kókusztejet, a curryport, az őrölt köményt, az őrölt koriandert, a kurkumaport és a chiliport. Mindent jól összekeverünk.

e) Ízlés szerint sózzuk, borsozzuk.

f) Fedjük le az edényt, és hagyjuk a curryt lassú tűzön párolni körülbelül 30 percig, vagy amíg a csirke teljesen megpuhul, és a burgonya megpuhul.

g) Ha szükséges, módosítsa a fűszerezést.

h) Tálalás előtt díszítsük apróra vágott friss korianderrel.

i) Tálalja a fidzsi csirke, paradicsom és burgonya curryt főtt fehér rizzsel a megnyugtató és ízletes étkezés érdekében.

25. Fijian Crabs Curry

ÖSSZETEVŐK:

- 2 lb rák, megtisztítva és darabokra vágva
- 2 evőkanál növényi olaj
- 1 hagyma, finomra vágva
- 2 gerezd fokhagyma, felaprítva
- 1 hüvelykes darab friss gyömbér, reszelve
- 2 paradicsom, apróra vágva
- 1 evőkanál curry por
- 1 teáskanál őrölt kömény
- 1 teáskanál őrölt koriander
- 1/2 teáskanál kurkuma por
- 1/4 teáskanál chili por (ízesítsd a fűszer-preferencia szerint)
- 1 csésze kókusztej
- Só és bors ízlés szerint
- Apróra vágott friss koriander, díszítéshez
- Főtt fehér rizs, tálaláshoz

UTASÍTÁS:

a) Egy nagy edényben vagy serpenyőben melegítse fel a növényi olajat közepes lángon.

b) Adjuk hozzá az apróra vágott hagymát, a zúzott fokhagymát és a reszelt gyömbért. Addig pirítjuk, amíg a hagyma puha és áttetsző lesz.

c) Adjuk hozzá a rákokat az edénybe, és pároljuk néhány percig, amíg rózsaszínűvé nem kezdenek.

d) Keverje hozzá az apróra vágott paradicsomot, a curryport, az őrölt köményt, az őrölt koriandert, a kurkumaport és a chiliport. Mindent jól összekeverünk.

e) Öntsük hozzá a kókusztejet, és forraljuk fel a curryt.

f) Fedjük le az edényt, és hagyjuk a rákokat a kókuszos curryben 15-20 percig főzni, vagy amíg teljesen megpuhulnak és megpuhulnak.
g) Ízlés szerint sózzuk, borsozzuk.
h) Tálalás előtt díszítsük apróra vágott friss korianderrel.
i) Tálalja a Fijian Crabs Curry-t főtt fehér rizzsel, hogy finom tengeri ételeket készítsen.

26. Fidzsi-i currys garnélarák

ÖSSZETEVŐK:
- 1 lb nagy garnélarák, meghámozva és kifejtve
- 2 evőkanál növényi olaj
- 1 hagyma, finomra vágva
- 2 gerezd fokhagyma, felaprítva
- 1 hüvelykes darab friss gyömbér, reszelve
- 2 paradicsom, apróra vágva
- 1 evőkanál curry por
- 1 teáskanál őrölt kömény
- 1 teáskanál őrölt koriander
- 1/2 teáskanál kurkuma por
- 1/4 teáskanál chili por (ízesítsd a fűszer-preferencia szerint)
- 1 csésze kókusztej
- Só és bors ízlés szerint
- Apróra vágott friss koriander, díszítéshez
- Főtt fehér rizs, tálaláshoz

UTASÍTÁS:
a) Egy nagy edényben vagy serpenyőben melegítse fel a növényi olajat közepes lángon.
b) Adjuk hozzá az apróra vágott hagymát, a zúzott fokhagymát és a reszelt gyömbért. Addig pirítjuk, amíg a hagyma puha és áttetsző lesz.
c) Adjuk hozzá a garnélarákot az edénybe, és főzzük néhány percig, amíg rózsaszínűvé nem kezdenek.
d) Keverje hozzá az apróra vágott paradicsomot, a curryport, az őrölt köményt, az őrölt koriandert, a kurkumaport és a chiliport. Mindent jól összekeverünk.
e) Öntsük hozzá a kókusztejet, és forraljuk fel a keveréket.

f) Fedjük le az edényt, és hagyjuk a garnélarákokat a kókuszos curryben főni körülbelül 5-7 percig, vagy amíg teljesen megpuhulnak és megpuhulnak.
g) Ízlés szerint sózzuk, borsozzuk.
h) Tálalás előtt díszítsük apróra vágott friss korianderrel.
i) Tálalja a fidzsi curried garnélát főtt fehér rizzsel egy finom tengeri ételhez.

27. Manióka kókuszos curry

ÖSSZETEVŐK:

- 2 evőkanál (30 ml) kókuszolaj
- 1/2 hagyma, apróra vágva
- 8 gerezd fokhagyma
- 1 hüvelykes darab friss gyömbér
- 14 uncia (400 g) manióka (meghámozva, megmosva és 1 hüvelykes kockákra vágva)
- 1 tk kurkuma por
- 1 teáskanál só, vagy ízlés szerint
- 1 tk frissen őrölt bors
- 3 csésze (720 ml) víz
- 2 csésze (480 ml) kókusztej
- 8 egész, friss currylevél

UTASÍTÁS:

a) Melegíts fel egy nagy serpenyőt vagy serpenyőt közepes lángon, és adj hozzá 1 evőkanál kókuszolajat. Adjuk hozzá az apróra vágott hagymát a serpenyőbe, és pároljuk, amíg áttetsző nem lesz, körülbelül 3 percig.

b) A fokhagymát és a gyömbért mozsártörővel törjük össze, és ezt a durva masszát adjuk a hagymához. Hagyja ezt egy percig főni. Adjuk hozzá az apróra vágott manióka kockákat, a kurkumát, 1 tk sót vagy ízlés szerint és borsozzuk. Jól keverjük össze. Adjunk hozzá vizet, fedjük le az edényt, és hagyjuk párolni. 15 perc elteltével fedje le a serpenyőt, és ellenőrizze, hogy a manióka kockák megpuhultak-e. Ha a kockák nem puhák, folytassa a főzést további 3-5 percig.

c) Csökkentse a hőt, adjuk hozzá a kókusztejet és jól keverjük össze. Hagyja enyhén besűrűsödni a szószt 2 percig. Kóstoljuk meg és állítsuk be a fűszerezést.

d) Egy külön serpenyőben közepes-alacsony lángon felforrósítjuk a maradék 1 evőkanál kókuszolajat. Adjuk hozzá a curry leveleket, és hagyjuk 1 percig melegedni. Levesszük a tűzről és

28. Fidzsi kacsa curry

ÖSSZETEVŐK:
- 2 dkg kacsahús, darabokra vágva
- 2 evőkanál növényi olaj
- 1 hagyma, finomra vágva
- 2 gerezd fokhagyma, felaprítva
- 1 hüvelykes darab friss gyömbér, reszelve
- 2 paradicsom, apróra vágva
- 1 evőkanál curry por
- 1 teáskanál őrölt kömény
- 1 teáskanál őrölt koriander
- 1/2 teáskanál kurkuma por
- 1/4 teáskanál chili por (ízesítsd a fűszer-preferencia szerint)
- 1 csésze kókusztej
- Só és bors ízlés szerint
- Apróra vágott friss koriander, díszítéshez
- Főtt fehér rizs, tálaláshoz

UTASÍTÁS:
a) Egy nagy edényben vagy serpenyőben melegítse fel a növényi olajat közepes lángon.

b) Adjuk hozzá az apróra vágott hagymát, a zúzott fokhagymát és a reszelt gyömbért. Addig pirítjuk, amíg a hagyma puha és áttetsző lesz.

c) Adjuk hozzá a kacsahúst az edényhez, és süssük, amíg minden oldala megpirul.

d) Keverje hozzá az apróra vágott paradicsomot, a curryport, az őrölt köményt, az őrölt koriandert, a kurkumaport és a chiliport. Mindent jól összekeverünk.

e) Öntsük hozzá a kókusztejet, és forraljuk fel a curryt.

f) Fedjük le az edényt, és hagyjuk a kacsahúst a kókuszos curryben főni körülbelül 45-60 percig, vagy amíg megpuhul és teljesen megpuhul.
g) Ízlés szerint sózzuk, borsozzuk.
h) Tálalás előtt díszítsük apróra vágott friss korianderrel.
i) Tálalja a Fijian Duck Curryt főtt fehér rizzsel, hogy ízletes és kiadós ételt kapjon.

29. Fijian Fish Curry

ÖSSZETEVŐK:

- 3 evőkanál (44 ml) növényi olaj
- 1 közepes vöröshagyma, meghámozva és felkockázva
- 1 fahéjrúd
- 3 gerezd fokhagyma, meghámozva és felaprítva
- 2 hosszú piros chili, szárát és magját eltávolítva, apróra vágva
- 1 1/2 teáskanál garam masala
- 1 teáskanál őrölt pirított kömény
- 1 teáskanál őrölt kurkuma
- 2 közepes paradicsom, apróra vágva
- 1 1/2 font (680 gramm) kemény fehér hal
- 1 citrom leve
- 1 2/3 csésze (400 ml) kókusztej
- Só ízlés szerint
- Frissen vágott koriander a díszítéshez
- Párolt fehér rizs a tálaláshoz

UTASÍTÁS:

a) Egy nagy serpenyőben, közepes lángon csepegtesse meg a növényi olajat.

b) Ha az olaj felforrósodott, hozzáadjuk a felkockázott hagymát és a fahéjrudat. Addig főzzük, amíg a hagyma el nem kezd puhulni, majd hozzáadjuk a felaprított fokhagymát és az apróra vágott pirospaprikát. Főzzük, amíg csak illatos lesz.

c) Keverje hozzá a garam masalát, az őrölt pirított köményt és az őrölt kurkumát. Hagyja, hogy a fűszerek felszabadítsák ízüket és aromájukat.

d) Adjuk hozzá a finomra vágott paradicsomot a serpenyőbe, és főzzük, időnként megkeverve, amíg a paradicsom kezd letörni, és szószszerű állagot nem kap, körülbelül 15 percig.

e) Illessze a kemény fehér hal darabjait a serpenyőben lévő paradicsomos keverék köré. A hal tetejére csorgassuk a citromlevet.

f) Pár percig sütjük a halat az egyik oldalukon, majd óvatosan fordítsuk át a darabokat a másik oldalára.

g) Öntsük hozzá a kókusztejet, és forraljuk fel a keveréket enyhe lassú tűzön. Hagyja a halat átsülni, és magába szívja a kókusz curry ízeit, körülbelül 5 percig.

h) A Fish Suruwa-t ízlés szerint sóval ízesítjük.

i) Tálalás előtt díszítsük frissen aprított korianderrel.

j) Azonnal tálaljuk a finom fidzsi hal Suruwa-t párolt fehér rizzsel.

k) Élvezze ezt a gyors és ízletes hal curryt finom ételként!

30. Fidzsi kecske curry

ÖSSZETEVŐK:

- 2 dkg kecskehús darabokra vágva
- 2 evőkanál növényi olaj
- 1 hagyma, finomra vágva
- 2 gerezd fokhagyma, felaprítva
- 1 hüvelykes darab friss gyömbér, reszelve
- 2 paradicsom, apróra vágva
- 1 evőkanál curry por
- 1 teáskanál őrölt kömény
- 1 teáskanál őrölt koriander
- 1/2 teáskanál kurkuma por
- 1/4 teáskanál chili por (ízesítsd a fűszer-preferencia szerint)
- 1 csésze kókusztej
- Só és bors ízlés szerint
- Apróra vágott friss koriander, díszítéshez
- Főtt fehér rizs, tálaláshoz

UTASÍTÁS:

a) Egy nagy edényben vagy serpenyőben melegítse fel a növényi olajat közepes lángon.
b) Adjuk hozzá az apróra vágott hagymát, a zúzott fokhagymát és a reszelt gyömbért. Addig pirítjuk, amíg a hagyma puha és áttetsző lesz.
c) Adjuk hozzá a kecskehúst az edényhez, és főzzük, amíg minden oldala megpirul.
d) Keverje hozzá az apróra vágott paradicsomot, a curryport, az őrölt köményt, az őrölt koriandert, a kurkumaport és a chiliport. Mindent jól összekeverünk.
e) Öntsük hozzá a kókusztejet, és forraljuk fel a curryt.

f) Fedjük le az edényt, és hagyjuk a kecskehúst a kókuszos curryben főni körülbelül 1,5-2 órán keresztül, vagy amíg megpuhul és könnyen leesik a csontról.
g) Előfordulhat, hogy a főzési folyamat során hozzá kell adni egy kis vizet, ha a curry túlságosan kiszárad.
h) Ízlés szerint sózzuk, borsozzuk.
i) Tálalás előtt díszítsük apróra vágott friss korianderrel.
j) Tálalja a Fijian Goat Curryt főtt fehér rizzsel vagy rotival, hogy kiadós és ízletes ételt kapjon.

31. Fidzsi taro és spenótleves

ÖSSZETEVŐK:

- 2 csésze taro, meghámozva és felkockázva
- 1 csésze friss spenót, apróra vágva
- 1/2 hagyma, apróra vágva
- 2 gerezd fokhagyma, felaprítva
- 4 csésze zöldség- vagy csirkehúsleves
- 1/2 csésze kókusztej
- Só és bors ízlés szerint

UTASÍTÁS:

a) Egy nagy fazékban illatosra pároljuk a hagymát és a fokhagymát.
b) Adjuk hozzá a felkockázott tarót, és pároljuk néhány percig.
c) Felöntjük a húslevessel, és addig pároljuk, amíg a taro megpuhul.
d) Adjuk hozzá az apróra vágott spenótot és a kókusztejet. Addig főzzük, amíg a spenót megpuhul.
e) Sózzuk, borsozzuk.
f) Tálalja ezt a fidzsi tarót és spenótlevest kiadós előételként.

32. Fidzsi báránypörkölt

ÖSSZETEVŐK:

- 2 dkg báránypörkölt hús, kockákra vágva
- 2 evőkanál növényi olaj
- 1 hagyma, finomra vágva
- 2 gerezd fokhagyma, felaprítva
- 1 hüvelykes darab friss gyömbér, reszelve
- 2 paradicsom, apróra vágva
- 1 evőkanál curry por
- 1 teáskanál őrölt kömény
- 1 teáskanál őrölt koriander
- 1/2 teáskanál kurkuma por
- 1/4 teáskanál chili por (ízesítsd a fűszer-preferencia szerint)
- 1 csésze kókusztej
- 2 csésze víz vagy zöldségleves
- Só és bors ízlés szerint
- Apróra vágott friss koriander, díszítéshez
- Főtt fehér rizs vagy roti, tálaláshoz

UTASÍTÁS:

a) Egy nagy fazékban vagy holland sütőben melegítse fel a növényi olajat közepes lángon.

b) Adjuk hozzá az apróra vágott hagymát, a zúzott fokhagymát és a reszelt gyömbért. Addig pirítjuk, amíg a hagyma puha és áttetsző lesz.

c) Tegyük bele a báránypörkölt húst az edénybe, és süssük addig, amíg minden oldala megpirul.

d) Keverje hozzá az apróra vágott paradicsomot, a curryport, az őrölt köményt, az őrölt koriandert, a kurkumaport és a chiliport. Mindent jól összekeverünk.

e) Öntsük hozzá a kókusztejet és a vizet vagy a zöldséglevest. Forraljuk fel a pörköltet.
f) Fedjük le az edényt, és hagyjuk a báránypörköltet lassú tűzön főni körülbelül 1,5-2 órán keresztül, vagy amíg a hús puha és ízes lesz.
g) Ízlés szerint sózzuk, borsozzuk.
h) Tálalás előtt díszítsük apróra vágott friss korianderrel.
i) Tálalja a fidzsi báránypörköltet főtt fehér rizzsel vagy rotival, hogy kiadós és ízletes ételt készítsen.

33. Fijian Squash kelkáposzta curry

ÖSSZETEVŐK:

- 1 csésze kelkáposzta, apróra vágva
- 2 csésze kókusztej
- 2 csésze vajtök, kockára vágva
- 1 evőkanál fokhagyma por
- 1 csésze csicseriborsó, egy éjszakán át áztatva
- 1 teáskanál chili por
- 1 evőkanál köménypor
- 2 csésze zöldségleves
- 3 gerezd fokhagyma apróra vágva
- 1 közepes vöröshagyma, apróra vágva
- 3 evőkanál olívaolaj
- 1 teáskanál bors

UTASÍTÁS:

a) Az instant edényben keverje össze az összes hozzávalót, és jól keverje össze.

b) Fedjük le az edényt fedővel, és lassú tűzön pároljuk 6 órán át.

c) Tálalás előtt alaposan keverjük össze.

34. Fidzsi spenótos lencse curry

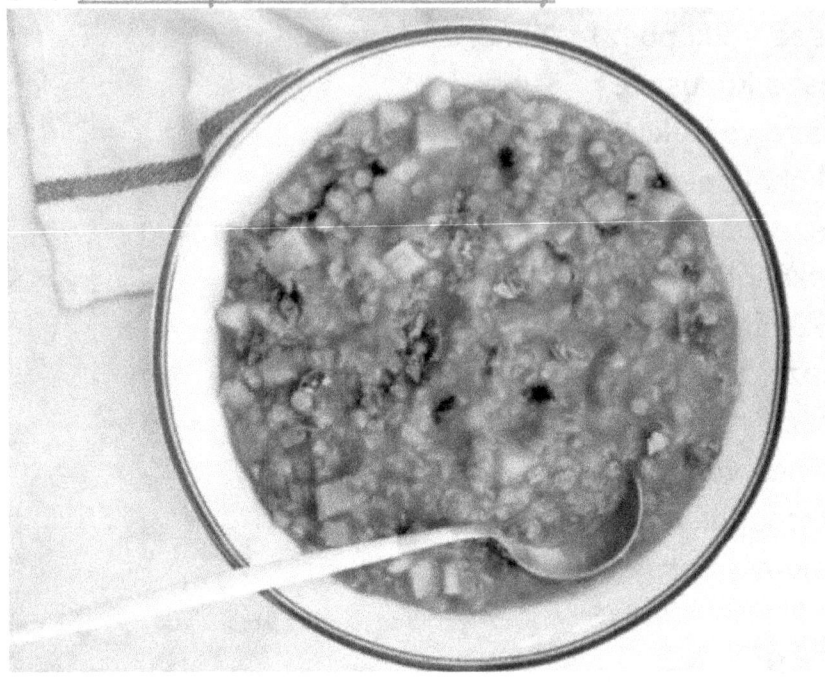

ÖSSZETEVŐK:

- 4 csésze bébispenót apróra vágva
- 1 közepes vöröshagyma, apróra vágva
- 2 evőkanál olívaolaj
- 3 csésze zöldségalaplé
- 3 gerezd fokhagyma, felaprítva
- 1/4 teáskanál cayenne bors
- 1 1/2 csésze vöröslencse, szárítva
- 1 teáskanál őrölt koriander
- 1 teáskanál őrölt kömény
- 1/4 csésze koriander, apróra vágva
- 1 közepes burgonya, felkockázva
- 1 teáskanál őrölt kurkuma
- 1/2 teáskanál só

UTASÍTÁS:

a) Öntsük az olajat a serpenyőbe, és kapcsoljuk sütés módba.
b) 5 percig dinszteljük a hagymát.
c) Adjuk hozzá a fokhagymát és főzzük további 30 másodpercig.
d) Dobd bele a cayenne-t, a kurkumát, a koriandert és a köményt.
e) Az egészet alaposan keverjük össze.
f) Egy nagy keverőtálban keverje össze a burgonyát, a zöldséglevest, a lencsét és a sót. Az egészet alaposan keverjük össze.
g) Fedővel magas hőmérsékleten főzzük.
h) Használja a gyorskioldó módszert a nyomás enyhítésére a fedél kinyitása előtt.
i) Dobd bele a koriandert és a spenótot.

35. Fidzsi- lencse Chipotle Curry

ÖSSZETEVŐK:

- 1 csésze barna lencse; leöblítjük és leszedjük
- 1/2 közepes hagyma; apróra vágva.
- 1/2 közepes zöld kaliforniai paprika; apróra vágva.
- 1/2 evőkanál repceolaj
- 1 chipotle adobo szószban
- 1/4 csésze szárított paradicsom; apróra vágva.
- 1/2 teáskanál őrölt kömény
- 1 gerezd fokhagyma; apróra vágva.
- $1\frac{1}{2}$ evőkanál chili por
- 1 doboz (1/4 oz. kockára vágott paradicsom
- 2 csésze zöldségleves
- Só; megkóstolni

UTASÍTÁS:

a) Helyezze a hagymát és a kaliforniai paprikát az Instant Potba, és süsse 2 percig a Sauté funkción.

b) A fokhagymát és a chiliport belekeverve pároljuk 1 percig.

c) Zárja le a fedőt, és adja hozzá a többi hozzávalót.

d) Főzze 12 percig nagy nyomáson a Kézi funkció funkcióval.

e) Apróra vágott korianderrel és reszelt Cheddar sajttal díszítve tálaljuk.

36. Fidzsi bab mustáros curry

ÖSSZETEVŐK:

- ½ csésze ketchup
- ½ evőkanál olívaolaj
- 2 evőkanál melasz
- 2 teáskanál mustárpor
- ¼ teáskanál őrölt fekete bors
- 1 ½ szelet bacon, apróra vágva
- ½ közepes hagyma, apróra vágva
- ½ kis zöld kaliforniai paprika, apróra vágva
- 1 ½ doboz tengeri bab, leöblítve és lecsepegtetve
- 1 teáskanál almaecet
- 2 evőkanál apróra vágott koriander

UTASÍTÁS:

a) Az Instant Pot-ban válassza ki a Sauté módot, és adjon hozzá olajat, hagymát, szalonnát és kaliforniai paprikát 6 percig.
b) Rögzítse a fedelet, és adja hozzá a többi hozzávalót.
c) 8 percig főzzük nagy nyomáson a Kézi funkcióval.
d) A sípolás után végezzen egy természetes kioldást 10 percig, majd egy gyors kioldást a maradék gőz eltávolításához.
e) Megszórjuk apróra vágott korianderrel.

37. Fidzsi fehérbab és rizs curry

ÖSSZETEVŐK:

- 1 font fehér bab, beáztatva és leöblítve
- ½ teáskanál pirospaprika
- ½ teáskanál őrölt kurkuma
- 1 evőkanál hagymapor
- 2 teáskanál fokhagymapor
- 1-2 teáskanál só
- 1 babérlevél
- 6 csésze sózatlan zöldségleves
- Főtt fehér rizs tálaláshoz

UTASÍTÁS:

a) Az Instant Potban keverje össze az összes megadott összetevőt, kivéve a fehér rizst.

b) Rögzítse a fedelet letakarva. Győződjön meg arról, hogy a nyomáskioldó fogantyú zárt helyzetben van.

c) A hangjelzés után végezzen 20 perces természetes elengedést.

d) Jól keverjük össze, és azonnal tálaljuk forró fehér rizzsel.

38. Fijian Red Quinoa burgonyával

ÖSSZETEVŐK:
- 2 evőkanál Olaj
- 1 teáskanál köménymag
- 1 csésze vörös quinoa, leöblítve és lecsepegtetve
- 10 curry levél, apróra vágva
- 1 teáskanál darált forró zöld chili
- 1 kis piros burgonya, fél hüvelykes kockákra vágva
- 1½ csésze víz
- 1½ teáskanál kóser só
- ½ csésze sózatlan földimogyoró
- 1 citrom leve
- ¼ csésze apróra vágott friss koriander
- Citromos savanyúság a tálaláshoz
- Sima joghurt a tálaláshoz

UTASÍTÁS:

a) Melegítse elő az olajat az Instant Potban a magas Sauté fokozattal.

b) A köménymagot az edény alján lévő forró olajban süsd meg, amíg megpirul, körülbelül 1-2 perc alatt.

c) Adjuk hozzá a quinoát, a curryleveleket és a chilit, és főzzük 2-3 percig, vagy amíg a quinoa meg nem pirul.

d) Keverje össze a burgonyát, a vizet és a sót egy keverőtálban.

e) Kaparjuk le az edény oldalát, hogy az egész quinoa elmerüljön.

f) Válassza a Nyomásos főzés vagy a Kézi lehetőséget, és főzze 2 percig nagy nyomáson.

g) Egy kis serpenyőben enyhén pirítsd meg a földimogyorót 2-3 percig, rendszeresen dobd át, majd tedd félre kihűlni.

h) Hagyja, hogy a nyomás spontán eloszlassa; ennek körülbelül 10 percig kell tartania.

i) Öntsük a citromlevet az edénybe, és dobjuk bele a földimogyorót.

j) A khichdit kanalazzuk tálakba, díszítsük korianderrel, egy csésze natúr joghurttal és egy citromos savanyúsággal, és tálaljuk.

1.

39. Fidzsi Curried vörös lencse

ÖSSZETEVŐK:

- 2 evőkanál ghí
- ½ teáskanál köménymag
- 1 kis sárga hagyma, apróra vágva
- 1 szilvás paradicsom kimagozva és felkockázva
- 1 evőkanál darált fokhagyma
- 1½ teáskanál reszelt friss gyömbér
- 1 csésze lencse dal, leöblítve
- 1 teáskanál őrölt koriander
- ½ teáskanál vörös chili por
- ⅛ teáskanál őrölt kurkuma
- 2 teáskanál kóser só
- 3-4 csésze víz
- 1 evőkanál reszelt jagger
- ½ csésze apróra vágott friss koriander

UTASÍTÁS:

a) Melegítse elő a ghít az Instant Potban a magas Sauté fokozattal.

b) Főzzük a köménymagot a felforrósított ghíben az edény alsó szélén körülbelül 1 percig, vagy amíg elkezd ropogni.

c) Adjuk hozzá a hagymát, a paradicsomot, a fokhagymát és a gyömbért, és főzzük 2 percig, vagy amíg a paradicsom megpuhul.

d) Egy nagy keverőtálban keverje össze a lencsét, a koriandert, a chiliport, a kurkumát és a sót; adjunk hozzá 3 csésze vizet és keverjük össze.

e) Válassza a Nyomásos főzés vagy a Kézi főzést, és főzze 10 percig magas nyomáson.

f) Hagyjon 10 percet, hogy a nyomás természetesen ellazuljon.

g) Tegye a fazékba a fazékot és a maradék 1 csésze vizet.
h) Kóstoljuk meg és ízlés szerint ízesítsük sóval, ha szükséges. Válassza a Sauté opciót, és főzze 5 percig, vagy amíg a lencse enyhén fel nem forr.
i) Tálkákba merítjük, és tálalás előtt megkenjük korianderrel.

40. Fijian Black-eyed peas curry

ÖSSZETEVŐK:
- 1 evőkanál semleges növényi olaj
- 1 kis sárga hagyma, apróra vágva
- 1 evőkanál darált fokhagyma
- 1½ teáskanál reszelt friss gyömbér
- 1 csésze szárított fekete szemű borsó, leöblítve
- 1 szilvás paradicsom kimagozva és felkockázva
- 1½ teáskanál kóser só
- 1 teáskanál vörös chili por
- 1 teáskanál őrölt koriander
- ½ teáskanál őrölt kömény
- ¼ teáskanál őrölt kurkuma
- 3 csésze víz
- Főtt rizs

UTASÍTÁS:
a) Melegítse elő az olajat az Instant Potban a magas Sauté fokozattal.
b) Adjuk hozzá a hagymát, a fokhagymát és a gyömbért, és főzzük 2 percig, vagy amíg a hagyma el nem kezd átlátszóvá válni.
c) Dobd bele a feketeszemű borsót, a paradicsomot, a sót, a chiliport, a koriandert, a köményt és a kurkumát, majd a vizet.
d) Melegítsük elő a sütőt, és pároljuk a curryt, amíg közepesen fel nem forr, majd tálaljuk.

41. Fidzsi csicseriborsó curry

ÖSSZETEVŐK:
- 1 csésze szárított csicseriborsó, leöblítve
- 3½ csésze víz
- 2 evőkanál ghí
- 1 teáskanál köménymag
- 1 sárga hagyma, apróra vágva
- 1 teáskanál reszelt friss gyömbér
- 1 teáskanál darált fokhagyma
- 1 evőkanál őrölt koriander
- 2 teáskanál kóser só
- 1-2 teáskanál vörös chili por
- ¼ teáskanál őrölt kurkuma
- 2 szilvás paradicsom, apróra vágva
- ¼ teáskanál Garam masala
- ½ csésze apróra vágott friss koriander

UTASÍTÁS:
a) Melegítse elő a ghít az Instant Potban a magas Sauté fokozattal.

b) A köménymagot a forró olajban az edény alsó szélén kb 1 percig főzzük, vagy amíg ropogós nem kezd.

c) Adjuk hozzá a hagymát, és pároljuk, időnként megkeverve körülbelül 5 percig, vagy amíg átlátszó nem lesz.

d) Adjuk hozzá a gyömbért és a fokhagymát, és főzzük 1 percig, vagy amíg illatos lesz.

e) Dobd bele a koriandert, a sót, a chiliport, a kurkumát és a csicseriborsót a 112 csésze vízzel együtt, és fakanállal alaposan keverd össze, a serpenyő aljáról kapard ki a megbarnult darabokat.

f) Válassza a Nyomásos főzés vagy a Kézi lehetőséget, és állítsa be az időzítőt 35 percre magas nyomáson.
g) Hagyjon 10-20 percet, hogy a nyomás természetesen felszabaduljon.
h) Helyezze a paradicsomot és a Garam masalát az edénybe.
i) Válasszuk a magas párolási fokozatot, és főzzük 5 percig, vagy amíg a paradicsom megpuhul.
j) Tálkákba merítjük, és tálalás előtt megkenjük korianderrel.

42. Fijian Coconut Vegyes lencse

ÖSSZETEVŐK:

- ¼ csésze durvára vágott friss koriander
- ¼ csésze víz
- 3 evőkanál kókuszreszelék
- 1 evőkanál darált fokhagyma
- 1 teáskanál kockára vágott forró zöld chili
- 1 teáskanál reszelt friss gyömbér
- 2 evőkanál ghí
- ½ teáskanál fekete mustármag
- ¼ teáskanál őrölt kurkuma
- ⅛ teáskanál asafoetida
- 1 csésze válogatott hasított lencse, leöblítve
- 2 teáskanál őrölt koriander
- ½ teáskanál őrölt kömény
- Kóser só
- 3-4 csésze víz
- ½ csésze apróra vágott friss koriander

UTASÍTÁS:

a) A fűszerpaszta elkészítéséhez tegye a koriandert, a vizet, a kókuszt, a fokhagymát, a chilit és a gyömbért egy kis konyhai robotgépbe, és addig pörgesse, amíg sűrű paszta nem lesz.

b) Melegítse fel a ghít az Instant Potban a magas Sauté opcióval.

c) Dobja a mustármagot a forró olajba az edény aljához közel, és süsse, amíg fel nem robbannak.

d) Keverjük össze a kurkumát, az asafoetidát és a fűszerpasztát, és adjuk hozzá.

e) Egy nagy keverőtálba adjuk hozzá a lencsét, a koriandert, a köményt és a 112 evőkanál sót; felöntjük 2 csésze vízzel, és habverővel összeturmixoljuk.

f) Válassza a Nyomásos főzés vagy a Kézi főzést, és főzze 10 percig magas nyomáson.

g) Válassza a magas Sauté opciót, és főzze 4-5 percig, vagy amíg a dal közepesen felforr.

h) Tedd az ételt az asztalra.

1.

43. Fidzsi paradicsom és cékla leves curry

ÖSSZETEVŐK:

- 4 szilvás paradicsom kimagozva és felnegyedelve
- 2 sárgarépa, meghámozva és felszeletelve
- 1 cékla, meghámozva és kockákra vágva
- ½ teáskanál őrölt kömény
- 2 hüvelykes fahéjrúd
- 2 teáskanál currypor r
- Kóser só
- 3 csésze víz
- 2 evőkanál nyílgyökér por
- ½ teáskanál frissen őrölt fekete bors
- 2 csésze kruton

UTASÍTÁS:

a) Az Instant Potban keverje össze a paradicsomot, a sárgarépát, a céklát, a köményt, a fahéjrudat, a curryport, a sót és a vizet.
b) Főzzük nagy nyomáson 10 percig.
c) Vegye ki a fahéjrudat az edényből, és tegye félre.
d) A levest botmixerrel addig pürésítjük, amíg teljesen sima nem lesz.
e) Folyamatos keverés közben lassan öntsük bele a nyílgyökérpor zagyot.
f) Adjuk hozzá a borsot és keverjük össze, majd kóstoljuk meg, és ha szükséges, sózzuk.
g) Melegítsük elő a sütőt magasra, és addig pároljuk a levest, amíg enyhén fel nem forr.
h) Tetejét krutonnal megkenjük, és azonnal tálaljuk.

44. Fidzsi sütőtök és kókuszleves

ÖSSZETEVŐK:
- 1½ kiló hámozott és kockára vágott sütőtök
- ½ csésze kockára vágott sárgahagyma
- 4 gerezd fokhagyma, meghámozva
- 1 doboz csökkentett zsírtartalmú kókusztej
- 1 csésze alacsony nátriumtartalmú zöldségleves
- 1 evőkanál olívaolaj
- 1½ teáskanál kóser só
- 1 teáskanál Garam masala
- 1 csipet cayenne bors

UTASÍTÁS:

a) Az Instant Potban keverje össze a sütőtököt, a hagymát, a fokhagymát, a kókusztejet, a zöldséglevest, az olívaolajat és a sót, és keverje össze.

b) Válassza a Nyomásos főzés vagy a Kézi lehetőséget, és állítsa az időzítőt 8 percre magas nyomáson.

c) Mozgassa a nyomáskioldót a szellőzőbe a gyors kioldáshoz. Nyissa ki az edényt, és botmixerrel pürésítse simára a levest.

d) Adjuk hozzá a garam masala-t és a cayenne borsot, és keverjük össze.

e) A levest tálakba merítjük, csipetnyi Garam masala-val és cayenne-nel díszítjük, és azonnal tálaljuk.

45. Fiji kurkuma karfiol leves

ÖSSZETEVŐK:
- 1 evőkanál olívaolaj
- 1 db sárgahagyma, szeletelve
- 1 teáskanál édesköménymag
- 3 csésze karfiol rózsa
- 2 szilvás paradicsom kimagozva és felkockázva
- 1 rozsdás burgonya, felkockázva
- 6 gerezd fokhagyma, meghámozva
- 1 teáskanál reszelt friss gyömbér
- 3 csésze víz, szükség szerint még több
- 20 db nyers kesudió
- ¼ teáskanál őrölt kurkuma
- 1 teáskanál őrölt koriander
- 1 teáskanál őrölt kömény
- 1 teáskanál kóser só
- ½ teáskanál Garam masala
- ¼ csésze apróra vágott friss koriander
- ¼ teáskanál cayenne bors

UTASÍTÁS:
a) Melegítse elő az olívaolajat az Instant Potban a Saute opcióval.
b) Adjuk hozzá a hagymát és az édesköménymagot, és főzzük 1 percig, vagy amíg illatos lesz.
c) Egy nagy keverőtálban keverje össze a karfiolt, a paradicsomot, a burgonyát, a fokhagymát és a gyömbért.
d) Egy nagy keverőtálban adjuk hozzá a vizet, a kesudiót, a kurkumát, a koriandert, a köményt és a sót.
e) a) Válassza a Nyomás alatti főzés vagy a Kézi lehetőséget, és főzze 10 percig alacsony nyomáson.

f) A levest simára és krémesre turmixoljuk, majd hozzáadjuk a garam masala-t.

g) Válassza a Sauté opciót, és főzze 5 percig, vagy amíg a leves enyhén fel nem forr.

h) Öntsük a levest tálakba, tegyük a tetejére koriandert, egy csipet garam masala és cayenne borsot, és azonnal tálaljuk.

46. Fidzsi fűszeres báránypörkölt

ÖSSZETEVŐK:

- 2 evőkanál semleges növényi olaj
- 2 hüvelykes fahéjrúd
- 2 indiai babérlevél
- 20 szem fekete bors
- 4 zöld kardamom hüvely
- 1,5 font csont nélküli báránylapocka
- 2 sárga hagyma, mindegyiket 8 felé vágva darabokat
- 2 sárgarépa
- 2 nagy sárga burgonya
- 3 szárított piros chili
- 1 evőkanál kóser só
- 1 teáskanál vörös chili por
- $\frac{1}{2}$ csésze víz
- $\frac{1}{4}$ csésze apróra vágott friss koriander

UTASÍTÁS:

a) Melegítse elő az olajat az Instant Potban a magas Sauté fokozattal.

b) Pároljuk a fahéjrudat, a babérlevelet, a borsot és a kardamomot 1 percig, vagy amíg aromás nem lesz.

c) Adja hozzá a báránydarabokat, és pirítsa 2-3 percig, mindegyik darabot többször megforgatva, amíg enyhén megpirul.

d) Dobd bele a hagymát, a sárgarépát, a burgonyát, a chilit, a sót és a chiliport, majd a vizet.

e) a) Válassza a hús/pörkölt főzési módot, és állítsa az időzítőt 35 percre magas nyomáson.

f) Hagyjon 10 percet, hogy a nyomás természetesen ellazuljon.

g) Válassza a magas Sauté fokozatot, és párolja körülbelül 5 percig, vagy amíg a pörkölt sűrűsödni kezd.

h) Az Instant Pot kikapcsolásához nyomja meg a Mégse gombot. Ahogy hűl a pörkölt, még jobban besűrűsödik.

i) Öntsük a pörköltet az edényekbe, tegyük a tetejére koriandert, és azonnal tálaljuk.

47. Fidzsi vöröslencse leves

ÖSSZETEVŐK:

- 1 sárga hagyma, apróra vágva
- 1 sárgarépa, meghámozva és felszeletelve
- 1 csésze kockára vágott paradicsomkonzerv lével
- 1 csésze lencse dal, leöblítve
- 2 evőkanál darált fokhagyma
- 1 teáskanál vörös chili por
- 1 teáskanál őrölt koriander
- ½ teáskanál őrölt kömény
- ½ teáskanál Garam masala
- ¼ teáskanál őrölt kurkuma
- 3 csésze alacsony nátriumtartalmú zöldségleves
- 1 csésze víz
- Kóser só
- 2 nagy marék bébispenót
- ¼ csésze apróra vágott friss koriander
- 4-6 szelet citrom

UTASÍTÁS:

a) Az Instant Potban keverje össze a hagymát, a sárgarépát, a paradicsomot és levét, a lencsét, a fokhagymát, a chiliport, a koriandert, a köményt, a Garam masala-t és a kurkumát.

b) Felöntjük a zöldséglevessel, és jól összekeverjük.

c) Válassza a Nyomásos főzés vagy a Kézi lehetőséget, és állítsa az időzítőt 8 percre magas nyomáson.

d) Hagyja a nyomást természetesen 10 percig felengedni.

e) Távolítsa el a fedőt a serpenyőről. Egy kanál hátával pépesítsd a lencsét magas Sauté fokozaton.

f) Keverjük hozzá a vizet, kóstoljuk meg, és ha szükséges, ízesítsük sóval.

g) Hozzáadjuk a spenótot, és időnként megkeverve pároljuk, amíg a leves enyhén fel nem forr.

h) Tálkákba kanalazzuk, megszórjuk korianderrel, és egy csipet citrommal azonnal tálaljuk.

48. Fijian vajas csirke curry

ÖSSZETEVŐK:

- 2 evőkanál ghí
- 1 nagy sárga hagyma, apróra vágva
- 2 kiló csont nélkül csirkecombok
- 1 csésze konzerv paradicsompüré
- ½ csésze víz
- 1 evőkanál reszelt friss gyömbér
- 1 evőkanál darált fokhagyma
- 2 teáskanál vörös chili por
- 2 teáskanál kóser só
- 1 teáskanál Garam masala
- ½ teáskanál őrölt kurkuma
- ½ csésze konzerv kókuszkrém
- 2 evőkanál paradicsompüré
- 2 evőkanál szárított görögszéna levél
- 2 teáskanál cukor
- ½ csésze apróra vágott friss koriander
- 2 csésze főtt basmati rizs

UTASÍTÁS:

a) Melegítse elő a ghít az Instant Potban a magas Sauté fokozattal.

b) Adjuk hozzá a hagymát, és pároljuk 4-5 percig, vagy amíg átlátszó nem lesz.

c) Egy nagy keverőtálba adjuk hozzá a csirkét, a paradicsompürét, a vizet, a gyömbért, a fokhagymát, a chiliport, a sót, a Garam masala-t és a kurkumát.

d) Egy nagy keverőtálban tegyük bele a kókusztejszínt, a paradicsompürét, a görögszénát és a cukrot.

e) Magas Sauté fokozaton főzzük körülbelül 2 percig, vagy amíg a curry fel nem forr és alaposan fel nem melegszik.

f) A rizst kanalazzuk a tányérokra, és a tetejére kenjük a curryt.
g) Tálalás előtt korianderrel díszítjük.

49. Fidzsi Darált csirke chili

ÖSSZETEVŐK:

- 2 evőkanál semleges növényi olaj
- 1 teáskanál köménymag
- 1 nagy sárga hagyma, apróra vágva
- 1 kiló darált csirke
- 1 evőkanál reszelt friss gyömbér
- 1 evőkanál darált fokhagyma
- 2 teáskanál vörös chili por
- 1½ teáskanál kóser só
- ½ teáskanál őrölt kurkuma
- 2 szilvás paradicsom kimagozva és apróra vágva
- 1 sárga burgonya
- ¼ csésze víz
- 2 evőkanál őrölt koriander
- 1 teáskanál Garam masala
- ½ csésze apróra vágott friss koriander

UTASÍTÁS:

a) Melegítse elő az olajat az Instant Potban a Saute opcióval.

b) Adjuk hozzá a köménymagot, és melegítsük 1 percig, vagy amíg el nem kezd recsegni.

c) Adjuk hozzá a hagymát, és főzzük 4-5 percig, vagy amíg puha és átlátszó nem lesz.

d) Főzzük, törjük fel a csirkét a gyömbérrel, fokhagymával, chiliporral, sóval és kurkumával.

e) Fakanállal dobd bele a paradicsomot, a burgonyát és a vizet, az edény aljáról kapard ki a megbarnult darabokat.

f) Adjuk hozzá a koriandert és a garam masala-t a keverékhez.

g) Válassza a Nyomássütés vagy a Kézi főzést, és főzze 4 percig nagy nyomáson.
h) Hagyja a nyomást természetesen 10 percig felengedni.
i) Adjuk hozzá a koriandert és tálaljuk.

50. Fidzsi csirke és spenótos curry

ÖSSZETEVŐK:

- 2 evőkanál semleges növényi olaj
- ½ teáskanál köménymag
- 4 szegfűszeg
- 10 szem fekete bors
- 1 sárga hagyma, apróra vágva
- 1-2 teáskanál darált forró zöld chili
- 2 teáskanál reszelt friss gyömbér
- 2 teáskanál darált fokhagyma
- 1½ font csirkemell vagy comb
- ½ csésze konzerv paradicsompüré
- 2 evőkanál vizet
- 1½ teáskanál kóser só
- ¼ teáskanál őrölt kurkuma
- ½ teáskanál Garam masala
- 2 csésze főtt rizs

UTASÍTÁS:

a) Melegítse elő az olajat magas Sauté fokozaton.

b) 30 másodpercig főzzük, vagy amíg a köménymag, a szegfűszeg és a bors megpirul.

c) Keverjük hozzá a hagymát és a chilit, és főzzük, amíg a hagyma átlátszó lesz, körülbelül 5 percig.

d) Adjuk hozzá a gyömbért és a fokhagymát, keverjük össze, és főzzük 1 percig, vagy amíg illatos lesz.

e) Egy nagy keverőtálban keverje össze a csirkét, a paradicsompürét, a vizet, a sót, a kurkumát és a Garam masalát, majd fakanállal alaposan keverje össze, hogy eltávolítsa a megbarnult darabokat az edény aljáról.

f) Válassza a magas Sauté opciót. Beledobjuk a spenótot és jól összekeverjük.

g) A rizst kanalazzuk a tányérokra, és a tetejére kenjük a curryt.
h) Azonnal tálaljuk.
1.

51. Fidzsi Curried kókuszos garnélarák

ÖSSZETEVŐK:

- 1 doboz kókusztej
- 1 evőkanál kókuszolaj
- 1 sárgahagyma, vékonyra szeletelve
- 6 szegfűszeg
- 4 zöld kardamom hüvely
- 2 hüvelykes fahéjrúd
- 4 kis csípős zöld chili félbevágva
- 15 currylevél
- 2 teáskanál reszelt friss gyömbér
- 2 teáskanál darált fokhagyma
- 2 szilvás paradicsom, szeletelve
- ½ teáskanál őrölt kurkuma
- 1,5 kilogramm farkú jumbo garnélarák
- 1 teáskanál kóser só
- ¼ csésze apróra vágott friss koriander
- Párolt rizs a tálaláshoz

UTASÍTÁS:

a) Melegítse elő a kókuszolajat az Instant Potban magas Sauté fokozaton.

b) Pároljuk a hagymát, a szegfűszeget, a kardamomot és a fahéjrudat, amíg a hagyma megpuhul és áttetszővé válik, körülbelül 5 percig.

c) Adjuk hozzá a chilit, a curryleveleket, a gyömbért és a fokhagymát, és főzzük 1 percig, vagy amíg illatos lesz.

d) Egy nagy keverőtálban adjuk hozzá a paradicsomot, a kurkumát és a garnélarákot. Keverje hozzá még egyszer a kókuszvizet és a sót.

e) Válassza a Nyomásos főzés vagy a Kézi lehetőséget, és főzze 2 percig alacsony nyomáson.

f) Vegyük le az edényről a fedőt, forgassuk bele a kókuszkrémet, majd szórjuk meg korianderrel.
g) A garnélarákot párolt rizzsel egy tálban tálaljuk.

52. Fijian Lamb vindaloo Fusion

ÖSSZETEVŐK:

- ¼ csésze fehérborecet
- 4 evőkanál bárány Vindaloo fűszerkeverék
- 2 evőkanál darált fokhagyma
- 1 evőkanál reszelt friss gyömbér
- 3 teáskanál kóser só
- 2 kiló csont nélküli báránylapocka
- ¼ csésze ghí
- 1 teáskanál fekete mustármag
- 1 nagy sárga hagyma, apróra vágva
- ½ csésze víz
- 1 nagy sárga burgonya, meghámozva
- 2 evőkanál vörös chili por
- 1 evőkanál barna cukor
- 1 evőkanál tamarind koncentrátum paszta
- ⅛ teáskanál őrölt kurkuma
- Cayenne-i bors
- ½ csésze apróra vágott friss koriander
- Párolt rizs a tálaláshoz
- 8 Parathas a tálaláshoz

UTASÍTÁS:

a) Egy keverőtálban keverjük össze az ecetet, a fűszerkeveréket, a fokhagymát, a gyömbért és a 2 evőkanál sót.

b) Dobd rá a bárányhúst, és fordítsd meg, hogy egyenletesen bevonódjon.

c) Melegítse fel a ghít az Instant Potban a magas Sauté opcióval.

d) Adjuk hozzá a mustármagot a forró ghíhez az edény alján, és főzzük 2-3 percig, vagy amíg elkezdenek pattanni.

e) Adjuk hozzá a hagymát és a maradék 1 teáskanál sót, és főzzük 5 percig, vagy amíg a hagyma átlátszóvá nem válik. Keverje hozzá a pácolt bárányt, amíg minden jól össze nem áll.

f) Adjuk hozzá a vizet, és fakanállal alaposan keverjük össze.

g) A bárányhús tetején elrendezzük a burgonyakockákat; ne kombináld.

h) Válassza a Nyomásos főzés vagy a Kézi lehetőséget, és főzze 20 percig nagy nyomáson.

i) Hagyjon 15 percet, hogy a nyomás természetesen ellazuljon.

j) Egy nagy keverőtálban keverje össze a chili port, a barna cukrot, a tamarindpasztát, a kurkumát és a cayenne borsot.

k) Válassza a magas Sauté fokozatot, és főzze 1 percig, hogy a fűszerek összekeveredjenek.

l) Öntsük a curryt a tányérokra, és szórjuk meg korianderrel.

53. Fijian Coconut Beef Curry

ÖSSZETEVŐK:

- 1 $\frac{1}{2}$ font. marhahús, darabokra vágjuk
- $\frac{1}{2}$ csésze bazsalikom, szeletelve
- 2 evőkanál barna cukor
- 2 evőkanál halszósz
- $\frac{1}{4}$ csésze csirke alaplé
- $\frac{3}{4}$ csésze kókusztej
- 2 evőkanál curry paszta
- 1 hagyma, szeletelve
- 1 kaliforniai paprika, szeletelve
- 1 édesburgonya

UTASÍTÁS:

a) Az instant edényben a bazsalikom kivételével az összes hozzávalót összekeverjük és jól összedolgozzuk.

b) Főzzük magas hőmérsékleten 15 percig, miután az edényt fedővel lezártuk.

c) A fedél kinyitása előtt hagyja a nyomást természetesen felengedni.

d) Adjuk hozzá a bazsalikomot és alaposan keverjük össze.

e) Szolgál.

KÖRETEK ÉS SALÁTÁK

54. Roti (Fijian Flatbread)

ÖSSZETEVŐK:

- 2 csésze univerzális liszt
- 1/2 teáskanál só
- Víz

UTASÍTÁS:

a) Egy tálban keverjük össze a lisztet és a sót.

b) Fokozatosan adjunk hozzá vizet, és addig gyúrjuk, amíg puha, nem ragadós tésztát nem kapunk.

c) A tésztát golflabda nagyságú részekre osztjuk, és vékony köröket formázunk.

d) Melegíts fel egy serpenyőt vagy serpenyőt közepesen magas lángon.

e) Süssük a rotit a forró rácson körülbelül 1-2 percig mindkét oldalukon, vagy amíg felpuffadnak és barna foltok keletkeznek.

f) Tálaljuk választott chutney-val vagy curryvel.

55. Fidzsi párolt kókusz és manióka

ÖSSZETEVŐK:

- 1 font manióka, meghámozva és kockákra vágva
- 1 csésze kókusztej
- 1/4 csésze víz
- 1 evőkanál cukor (elhagyható, ízlés szerint módosíthatja)
- Csipet só

UTASÍTÁS:

a) Egy nagy edényben vagy gőzölőben adjuk hozzá a maniókadarabokat, és közepes lángon pároljuk körülbelül 15-20 percig, vagy amíg megpuhulnak és átsülnek.

b) Egy külön serpenyőben keverjük össze a kókusztejet, a vizet, a cukrot (ha használjuk) és a csipet sót.

c) Melegítse a kókusztej keveréket alacsony lángon, amíg át nem melegszik, de nem forr.

d) Vegye ki a párolt maniókát az edényből vagy a gőzölőből, és tegye át egy tálba.

e) Öntse a meleg kókusztej keveréket a párolt maniókára.

f) A fidzsi párolt kókuszt és maniókát kellemes és megnyugtató köretként tálaljuk.

56. Fidzsi főtt taro levelek és kókuszkrém

ÖSSZETEVŐK:

- 1 csokor friss tarolevél, megmosva és apróra vágva
- 1 doboz (400 ml) kókuszkrém
- 1 hagyma, finomra vágva
- 2 gerezd fokhagyma, felaprítva
- 1-2 piros chili paprika kimagozva és apróra vágva (elhagyható)
- Só és bors ízlés szerint

UTASÍTÁS:

a) Egy nagy fazékban felforraljuk a vizet, és hozzáadjuk az apróra vágott taro leveleket.

b) Forraljuk a leveleket körülbelül 15-20 percig, vagy amíg megpuhulnak.

c) Leöntjük a vizet, és a megfőtt leveleket félretesszük.

d) Ugyanabban az edényben hevíts fel egy kevés olajat közepes lángon, és párold meg az apróra vágott hagymát, fokhagymát és chili paprikát, amíg a hagyma áttetsző és aromás lesz.

e) Az edénybe tesszük a megfőtt taroleveleket, és jól összekeverjük a pirított hozzávalókkal.

f) Öntsük hozzá a kókuszkrémet és keverjük össze.

g) Ízlés szerint sózzuk, borsozzuk, majd lassú tűzön 5-10 percig pároljuk.

h) Forrón tálaljuk hagyományos fidzsi köretként rizzsel vagy más főételekkel.

57. Fidzsi-tengeri szőlő

ÖSSZETEVŐK:

- Friss tengeri szőlő
- Lime vagy citrom szeletek, tálaláshoz

UTASÍTÁS:

a) Öblítse le a friss tengeri szőlőt hideg folyó víz alatt, hogy eltávolítsa a homokot vagy a törmeléket.

b) Törölje szárazra a tengeri szőlőt egy tiszta konyharuhával vagy papírtörlővel.

c) Tálalja a Fijian Seagrapes-t frissítő és tápláló snackként vagy köretként, lime- vagy citromszeletekkel együtt a további ízért.

58. Fidzsi-szigeteki sült padlizsán gyógynövényekkel

ÖSSZETEVŐK:

- 2 nagy padlizsán
- 2 evőkanál növényi olaj
- 2 gerezd fokhagyma, felaprítva
- 1 evőkanál apróra vágott friss kakukkfű levél
- 1 evőkanál apróra vágott friss rozmaringlevél
- Só és bors ízlés szerint
- Citromszeletek, tálaláshoz

UTASÍTÁS:

a) Melegítsd elő a sütőt 200°C-ra (400°F).
b) A padlizsánokat hosszában kettévágjuk, a húsát késsel keresztbe vágjuk.
c) Tegye a padlizsán feleket egy tepsire, húsos felével felfelé.
d) Egy kis tálban keverjük össze a növényi olajat, a darált fokhagymát, az apróra vágott friss kakukkfüvet és az apróra vágott friss rozmaringot.
e) Kenjük meg az olaj- és gyógynövénykeverékkel a padlizsánfelek húsát.
f) A padlizsánt ízlés szerint sózzuk, borsozzuk.
g) Süssük a padlizsánt előmelegített sütőben körülbelül 25-30 percig, vagy amíg a húsa puha és aranybarna nem lesz.
h) Vegye ki a megsült padlizsánt a sütőből, és hagyja kissé kihűlni.
i) Tálaljuk a fidzsi sült padlizsánt fűszernövényekkel, az oldalán citromkarikákkal, hogy a padlizsánra nyomkodjuk.

59. Fidzsi nyers halsaláta (Kokoda)

ÖSSZETEVŐK:

- 1 kg kemény fehér halfilé, felkockázva (például snapper vagy mahi-mahi)
- 1 csésze kókuszkrém
- 1/4 csésze frissen facsart limelé
- 1 uborka, meghámozva és felkockázva
- 1 paradicsom, felkockázva
- 1 kis hagyma, apróra vágva
- 1 kis piros chili paprika, apróra vágva (elhagyható, a melegítés érdekében)
- Só és bors ízlés szerint
- Apróra vágott friss koriander, díszítéshez
- Főtt fehér rizs vagy taro chips, tálaláshoz

UTASÍTÁS:

a) Egy keverőtálban keverjük össze a felkockázott halat, a kókuszkrémet és a frissen facsart lime levét. Győződjön meg arról, hogy a hal teljesen be van vonva a keverékbe.

b) Fedjük le a tálat műanyag fóliával, és tegyük hűtőbe körülbelül 2 órára, vagy amíg a hal meg nem „fő" a citruslében. A lime lében lévő sav finoman "főzi" a halat, ceviche-szerű állagot adva neki.

c) Miután a hal bepácolt, engedje le a felesleges folyadékot a tálból.

d) A pácolt halhoz adjuk a felkockázott uborkát, a paradicsomot, az apróra vágott hagymát és a piros chili paprikát (ha használunk). Óvatosan keverjük össze mindent.

e) Fűszerezze a fidzsi nyers halsalátát (Kokoda) ízlés szerint sóval és borssal.

f) Tálalás előtt díszítsük apróra vágott friss korianderrel.

g) Tálalja a fidzsi nyers halsalátát főtt fehér rizzsel vagy taro chipsekkel, hogy elragadó és frissítő tengeri ételt készítsen.

60. Fijian Coconut Roti

ÖSSZETEVŐK:
- 2 csésze univerzális liszt
- 1 csésze szárított kókuszdió (cukrozatlan)
- 2 evőkanál cukor
- 1/2 teáskanál só
- 2 evőkanál vaj, olvasztott
- 1 csésze meleg víz (kb.)

Utasítás:
a) Egy keverőtálban keverje össze az univerzális lisztet, a szárított kókuszt, a cukrot és a sót.
b) Az olvasztott vajat apránként adjuk hozzá a száraz hozzávalókhoz, és jól keverjük össze. A keveréknek durva morzsára kell hasonlítania.
c) Lassan, apránként adjunk hozzá meleg vizet, és gyúrjuk össze a tésztát. Lehet, hogy egy csésze víznél valamivel többre vagy kevesebbre lesz szüksége, ezért fokozatosan adjuk hozzá. A tésztának lágynak és rugalmasnak kell lennie.
d) A tésztát egyforma méretű részekre osztjuk, és golyókat formázunk belőlük.
e) Melegíts fel egy rácsot vagy egy tapadásmentes serpenyőt közepes lángon.
f) Vegyünk egy tésztagolyót, és helyezzük tiszta, lisztezett felületre. Sodrófa segítségével vékony, kör alakúra nyújtjuk. Tetszés szerint vékonyra vagy vastagra készítheti őket.
g) Óvatosan helyezze át a feltekert roti-t a forró rácsra vagy serpenyőre. Kb. 1-2 percig süsd mindkét oldalát, vagy amíg kissé felpuffad és aranybarna foltok nem lesznek. Ízlés szerint mindkét oldalát megkenheti egy kis vajjal.

h) Ismételje meg a hengerlési és főzési folyamatot a maradék tésztagolyókkal.

i) Tálalja a Fijian Coconut Roti-t forrón, önmagában vagy kedvenc curryjével, chutneyjával vagy mártogatósával.

61. Fidzsi zöld papaya saláta

ÖSSZETEVŐK:

- 1 zöld papaya, meghámozva és felaprítva
- 1 sárgarépa, meghámozva és felaprítva
- 1/4 csésze kókuszreszelék
- 1/4 csésze földimogyoró, pörkölt és zúzott
- 2-3 gerezd fokhagyma, felaprítva
- 1-2 piros chili paprika, apróra vágva (ízesítve ízlés szerint)
- 2 lime leve
- Só és cukor ízlés szerint

UTASÍTÁS:

a) Egy nagy tálban keverje össze a felaprított papayát, sárgarépát, kókuszt és földimogyorót.

b) Egy külön tálban keverjük össze a darált fokhagymát, az apróra vágott chilipaprikát, a lime levét, a sót és a cukrot.

c) Az öntetet a salátára öntjük és jól összeforgatjuk.

d) Tálalás előtt 15-20 percig hagyjuk pácolódni a salátát.

62. Fidzsi ananász és uborka saláta

ÖSSZETEVŐK:

- 1 csésze friss ananászdarabok
- 1 uborka, szeletelve
- 1/4 vöröshagyma, vékonyra szeletelve
- Friss korianderlevél
- 1 lime leve
- Só és bors ízlés szerint

UTASÍTÁS:

a) Egy salátástálban keverjük össze a friss ananászdarabokat, az uborkaszeleteket és a vékonyra szeletelt lilahagymát.

b) A lime levét rácsavarjuk a salátára, és sóval, borssal ízesítjük.

c) A hozzávalókat összegyúrjuk, és friss korianderlevéllel díszítjük.

63. Fijian Creamed Taro (Taro kókuszkrémben)

ÖSSZETEVŐK:
- 2 csésze taro, meghámozva és felkockázva
- 1 csésze kókuszkrém
- 1/4 csésze víz
- 2-3 gerezd fokhagyma, felaprítva
- Só és bors ízlés szerint

UTASÍTÁS:
a) Egy serpenyőben keverjük össze a kockára vágott tarót, a kókuszkrémet, a vizet és a darált fokhagymát.

b) Sózzuk, borsozzuk.

c) Lassú tűzön, időnként megkeverve addig pároljuk, amíg a taro megpuhul és a kókuszkrém besűrűsödik.

d) Ezt a krémes fidzsi taro ételt köretként tálaljuk, gyakran grillezett hallal vagy hússal párosítva.

FŰSZEREK

64. Fidzsi-i fűszeres Tamarind Chutney

ÖSSZETEVŐK:

- 1 csésze tamarind pép
- 1/2 csésze barna cukor
- 1/4 csésze víz
- 2-3 gerezd fokhagyma, felaprítva
- 1-2 piros chili paprika, apróra vágva (ízesítve ízlés szerint)
- Só ízlés szerint

UTASÍTÁS:

a) Egy serpenyőben keverje össze a tamarind pépet, a barna cukrot, a vizet, a darált fokhagymát és az apróra vágott chilipaprikát.

b) Lassú tűzön, folyamatos kevergetés mellett addig főzzük, amíg a keverék besűrűsödik és a cukor feloldódik.

c) Ízlés szerint sóval ízesítjük.

d) Hagyja kihűlni a chutney-t, majd tálalja fűszeres fidzsi előételként. Jól illik sült vagy grillezett falatokhoz.

65. Gyömbér-fokhagyma paszta

ÖSSZETEVŐK:

- 1 (4 hüvelykes [10 cm]) gyömbérgyökér, meghámozva és apróra vágva
- 12 gerezd fokhagyma, meghámozva és apróra vágva
- 1 evőkanál vizet

UTASÍTÁS:

a) Az összes hozzávalót robotgépben dolgozzuk össze, amíg pasztaszerű állagot nem kapunk.

66. Fidzsi csípős paprikaszósz (Buka, Buka)

ÖSSZETEVŐK:

- 10-12 piros chili paprika (a kívánt hőfok szerint állítsa be a számot)
- 2 gerezd fokhagyma, felaprítva
- 1/4 csésze ecet
- Só ízlés szerint

UTASÍTÁS:

a) Távolítsa el a szárát a chilipaprikáról, és apróra vágja.

b) Turmixgépben vagy robotgépben keverje össze a chilipaprikát, a darált fokhagymát, az ecetet és egy csipet sót.

c) Addig turmixoljuk, amíg sima mártást nem kapunk.

d) Tárolja a csípős paprikaszószt egy üvegben vagy üvegben, és használja fel, hogy tüzes meleget adjon a fidzsi ételekhez.

67. Fijian Tamarind Dip

ÖSSZETEVŐK:

- 1/2 csésze tamarind pép
- 1/4 csésze víz
- 2 evőkanál cukor
- 1/2 tk köménypor
- 1/2 teáskanál piros chili por (ízesítsd a fűszered szerint)
- Só ízlés szerint

UTASÍTÁS:

a) Egy kis serpenyőben keverje össze a tamarind pépet és a vizet. Lassú tűzön melegítjük, és addig keverjük, amíg a tamarind megpuhul.

b) Vegyük le a tűzről, és szűrjük le a tamarind keveréket egy tálba, hogy eltávolítsuk a magokat és a rostokat.

c) Adjunk hozzá cukrot, köményport, vörös chili port és sót a tamarind koncentrátumhoz. Jól összekeverni.

d) Tálalás előtt hagyja kihűlni a tamarindmártást. Ez egy csípős és fűszeres ételízesítő, amely tökéletes párosításhoz snackekhez vagy főételekhez.

68. Fijian Coconut Sambal

ÖSSZETEVŐK:

- 1 csésze frissen reszelt kókusz
- 1/2 csésze kockára vágott vöröshagyma
- 1-2 piros chili paprika, apróra vágva (ízesítve ízlés szerint)
- 2 gerezd fokhagyma, felaprítva
- 1 lime leve
- Só ízlés szerint

UTASÍTÁS:

a) Egy tálban keverjük össze a frissen reszelt kókuszt, a felkockázott lilahagymát, az apróra vágott piros chili paprikát és a darált fokhagymát.

b) Csavarjuk rá a lime levét és ízesítsük sóval.

c) Keverjük össze az egészet, és hagyjuk állni néhány percig, hogy az ízek összeérjenek.

d) Tálaljuk a kókuszdió sambalt frissítő fűszerként különféle fidzsi ételekhez.

69. Fijian Taro levélszósz (Rourou Vakasoso)

ÖSSZETEVŐK:
- 1 csokor tarolevél, megmosva és apróra vágva
- 1/2 hagyma, apróra vágva
- 2 gerezd fokhagyma, felaprítva
- 1/2 csésze kókuszkrém
- Só és bors ízlés szerint

UTASÍTÁS:

a) Egy serpenyőben illatosra pároljuk a finomra vágott hagymát és a darált fokhagymát.

b) Adjuk hozzá az apróra vágott taro leveleket, és pároljuk néhány percig, amíg megpuhulnak.

c) Hozzákeverjük a kókusztejszínt, sózzuk, borsozzuk. Addig pároljuk, amíg a szósz besűrűsödik és a taro levelei megpuhulnak.

d) Tálalja a taro leveles szószt hagyományos fidzsi fűszerként rizs vagy gyökérzöldségek mellé.

70. Fidzsi-pácolt mangó (Toroi)

ÖSSZETEVŐK:

- 2 zöld (éretlen) mangó, meghámozva és felkockázva
- 1/2 vöröshagyma, apróra vágva
- 1-2 piros chili paprika, apróra vágva (ízesítve ízlés szerint)
- 1 lime leve
- Só ízlés szerint

UTASÍTÁS:

a) Egy tálban keverjük össze a felkockázott zöld mangót, az apróra vágott lilahagymát és a piros chilipaprikát.
b) Csavarjuk rá a lime levét és ízesítsük sóval.
c) Keverjük össze az egészet, és hagyjuk pácolódni legalább 30 percig.
d) Tálaljuk a pácolt mangót, amelyet Toroi néven ismernek, ízes és csípős fűszerként.

71. Fijian Chilis Mango Chutney

ÖSSZETEVŐK:

- 2 érett mangó, meghámozva, kimagozva és felkockázva
- 1/2 csésze cukor
- 1/4 csésze ecet
- 2-3 piros chili paprika, apróra vágva (ízesítve ízlés szerint)
- 1/2 tk gyömbér, lereszelve
- 1/2 teáskanál őrölt szegfűszeg
- Só ízlés szerint

UTASÍTÁS:

a) Egy serpenyőben keverje össze a mangót, cukrot, ecetet, piros chilipaprikát, gyömbért, őrölt szegfűszeget és egy csipet sót.

b) Lassú tűzön, időnként megkeverve addig főzzük, amíg a keverék besűrűsödik és a mangó megpuhul.

c) Hagyja kihűlni a chutney-t, majd tárolja egy üvegben. Ez a fűszeres mangó chutney tökéletes ahhoz, hogy édes és fűszeres ízt adjon az ételekhez.

72. Fijian koriander és lime chutney

ÖSSZETEVŐK:
- 1 csésze friss korianderlevél, szárát eltávolítva
- 2 lime leve
- 2 gerezd fokhagyma, felaprítva
- 1-2 zöld chili paprika apróra vágva
- 1/2 tk köménypor
- Só ízlés szerint

UTASÍTÁS:
a) Egy robotgépben keverje össze a koriandert, a lime levét, a darált fokhagymát, az apróra vágott zöld chilipaprikát, a köménypor és a sót.

b) Addig turmixoljuk, amíg sima, csípős ízű chutneyt nem kapunk.

c) Tálalja ezt a korianderes és lime chutney-t grillezett vagy sült ételek ízletes fűszereként.

73. Fijian Ananász Salsa

ÖSSZETEVŐK:
- 1 csésze kockára vágott friss ananász
- 1/2 vöröshagyma, apróra vágva
- 1 piros kaliforniai paprika, apróra vágva
- 1-2 piros chili paprika, apróra vágva (ízesítve ízlés szerint)
- 1 lime leve
- Friss mentalevél, apróra vágva
- Só és bors ízlés szerint

UTASÍTÁS:
a) Egy tálban keverjük össze a kockára vágott ananászt, az apróra vágott lilahagymát, a piros kaliforniai paprikát, a piros chili paprikát és az apróra vágott friss mentaleveleket.
b) Csavarjuk rá a lime levét, majd sózzuk, borsozzuk.
c) Keverjük össze az egészet, és hagyjuk állni néhány percig, hogy az ízek összeérjenek.
d) Tálalja ezt a frissítő ananászsalsát grillezett húsok vagy tenger gyümölcsei fűszerezéseként.

DESSZERT

74. Fidzsi banántorta

ÖSSZETEVŐK:

- 2 pépesített érett banán
- 1 1/2 csésze önkelesztő vagy sima liszt
- 1 csésze cukor
- 3 tojás
- 4 evőkanál vaj, olvasztott
- 1 teáskanál szódabikarbóna
- 1/2 csésze tej
- 1 teáskanál sütőpor (csak sima liszt esetén használja)
- 1 teáskanál vanília kivonat
- 1 teáskanál porított szerecsendió
- 1 teáskanál porított fahéj
- 1 db kivajazott kerek tortaforma

UTASÍTÁS:

a) Melegítsük elő a sütőt 175 C-ra (350 F fokra).

b) Egy nagy tálban hozzáadjuk a pépesített érett banánt, a tojást, a cukrot és az olvasztott vajat. Óvatosan habosra keverjük.

c) Hozzáadjuk a sütőport (ha sima lisztet használunk), a vaníliakivonatot, a porított szerecsendiót és a porított fahéjat. Keverj össze mindent.

d) Fokozatosan adjuk hozzá a lisztet, és alaposan keverjük össze, hogy ne legyen csomós a keverék.

e) Ha a keverék megfelelően összekeveredett, tegyük félre, és kenjük ki a tortaformát olvasztott vajjal.

f) Öntse a torta keveréket a kivajazott formába.

g) 35-45 percig sütjük, vagy amíg a torta közepébe szúrt fogpiszkáló tisztán ki nem jön, és a sütemény aranybarna lesz.

h) A süteményt kivesszük a sütőből, és hűtőrácson hagyjuk kihűlni.

i) Ha kihűlt, szeletelje fel a Fijian Banana Cake-t, és tálalja finom desszertként. Élvezd!

75. Fidzsi manióka torta

ÖSSZETEVŐK:

- 2 lb manióka, meghámozva és lereszelve
- 1 doboz (400 ml) kókusztej
- 1 csésze kristálycukor
- 1/2 csésze sűrített tej
- 1/2 csésze párolt tej
- 1/4 csésze vaj, olvasztott
- 1 teáskanál vanília kivonat
- Kókuszreszelék (elhagyható, a feltéthez)

UTASÍTÁS:

a) Melegítsd elő a sütőt 175°C-ra (350°F). Egy tepsit vagy tepsit kivajazunk.

b) Egy nagy tálban keverjük össze a reszelt maniókát, a kókusztejet, a kristálycukrot, a sűrített tejet, a párolt tejet, az olvasztott vajat és a vaníliakivonatot. Jól keverjük össze, amíg minden egyneművé nem válik.

c) A manióka keveréket a kivajazott tepsibe öntjük, és egyenletesen elosztjuk.

d) Kívánt esetben szórjunk kókuszreszeléket a keverék tetejére.

e) Előmelegített sütőben kb 45-50 percig sütjük, vagy amíg a teteje aranybarna nem lesz és a közepe megsül.

f) Szeletelés és tálalás előtt hagyja kihűlni a manióka tortát.

76. Fidzsi Raita

ÖSSZETEVŐK:

- 1 csésze natúr joghurt
- 1 uborka meghámozva, kimagozva és lereszelve
- 1 evőkanál apróra vágott friss mentalevél
- 1 evőkanál apróra vágott friss koriander
- 1/2 teáskanál őrölt kömény
- 1/2 teáskanál őrölt koriander
- Só és bors ízlés szerint

UTASÍTÁS:

a) Egy keverőtálban keverje össze a natúr joghurtot, a reszelt uborkát, az apróra vágott friss mentaleveleket, az apróra vágott friss koriandert, az őrölt köményt, az őrölt koriandert, a sót és a borsot.

b) Az egészet jól keverjük össze.

c) Fedjük le a tálat, és tegyük hűtőbe legalább 30 percre, hogy az ízek összeérjenek.

d) Tálalás előtt keverje meg a Fijian Raitát, és kóstolja meg a fűszerezést. Ha szükséges, sózzuk vagy borsozzuk.

e) Tálaljuk a Fijian Raita-t frissítő köretként vagy curryk vagy grillezett húsok kísérőjeként.

77. Kókuszban főtt fidzsi útifű

ÖSSZETEVŐK:

- 4 érett útifű, meghámozva és felszeletelve
- 1 csésze kókusztej
- 2 evőkanál kristálycukor (elhagyható, ízlés szerint igazítjuk)
- Csipet só
- 1 evőkanál növényi olaj
- Kókuszreszelék (elhagyható, díszítéshez)

UTASÍTÁS:

a) Egy nagy serpenyőben melegítse fel a növényi olajat közepes lángon.

b) Tegye a felszeletelt útifűszert a serpenyőbe, és pár percig süsse mindkét oldalát, amíg enyhén megpirul és karamellizálódik.

c) Öntsük hozzá a kókusztejet, és adjuk hozzá a kristálycukrot (ha használunk) és egy csipet sót.

d) Hagyja az útifűszereket a kókusztejben párolni körülbelül 5-10 percig, vagy amíg megpuhul és puha lesz.

e) Opcionális: Díszítsd kókuszreszelékkel a textúra és a kókusz íze érdekében.

f) A kókuszban főtt fidzsi útifű ízletes köretként vagy desszertként tálaljuk.

78. Fidzsi ananászos pite

ÖSSZETEVŐK:
- 1 pite tészta (előre elkészített vagy házi készítésű)
- 1 csésze friss ananász, apróra vágva
- 1/2 csésze cukor
- 2 evőkanál univerzális liszt
- 2 tojás, felvert
- 1/4 csésze vaj, olvasztott
- 1/2 teáskanál vanília kivonat

UTASÍTÁS:
a) Melegítsd elő a sütőt 180°C-ra (350°F).
b) Helyezze a pitehéjat egy pitetálba.
c) Egy tálban keverjük össze az apróra vágott ananászt, a cukrot, a lisztet, a felvert tojásokat, az olvasztott vajat és a vaníliakivonatot.
d) Jól keverjük össze, és öntsük a masszát a tortára.
e) Kb. 30-40 percig sütjük, vagy amíg a pite megpuhul, és a teteje aranybarnára sül.
f) Hagyja kihűlni, mielőtt felszolgálja ezt az elragadó fidzsi ananászos pitét.

79. Fidzsi stílusú pudingos pite feltéttel

ÖSSZETEVŐK:
- 125 g lágyított vaj
- 1 ½ csésze önnövekedő liszt
- 2 tojás
- ½ teáskanál vanília
- 1 csésze cukor
- Pudingpor
- 2 csésze tej
- Sárga ételfesték (opcionális)

FELTÉTELEK (OPCIONÁLIS)
- Sűrített tej/tejszínhab
- Darált földimogyoró
- Szeletelt Gyümölcs

UTASÍTÁS:

a) Habosra keverjük a ½ csésze cukrot és a vajat, hozzáadjuk a tojást és a vaníliát, majd összedolgozzuk

b) Ezután adjuk hozzá a lisztet, és gyúrjuk gyengéden tésztává

c) Egy kisebb tepsit, alumínium tepsit vagy ramekineket kikenünk vajjal, és a tésztát a tepsire kenjük. A tésztát az oldalára terítjük és egyenletesen elosztjuk

d) Villával kis lyukakat készítünk a tésztán, és a sütőben 180-200 fokon aranybarnára sütjük (kb. 20-25 percet kell igénybe venni)

e) Amíg a tészta sül, elkészítjük a pudingos tölteléket a csomagoláson található utasítások szerint, hogy a tejjel és a maradék cukorral legalább 2 csésze pudingot készítsünk – ha szükséges, adjunk hozzá sárga ételfestéket, és hagyjuk kihűlni.

f) Ha kész a tészta, hűtsük le, majd öntsük rá a pudingot

g) Tetejére tejszínhabbal, sűrített tejjel, földimogyoróval vagy szeletelt gyümölccsel (nagyon illik hozzá az őszibarack vagy a mangó)

h) Egy éjszakára hűtőbe tesszük, és kihűtve tálaljuk.

80. Fidzsi banán tápióka puding

ÖSSZETEVŐK:

- 1/2 csésze kis gyöngy tápióka
- 3 csésze kókusztej
- 1/2 csésze cukor
- 4 érett banán, pépesítve
- 1/2 teáskanál vanília kivonat
- Egy csipet só

UTASÍTÁS:

a) Áztassa a tápiókát vízben körülbelül 30 percig, majd csepegtesse le.

b) Egy serpenyőben keverjük össze a lecsepegtetett tápiókát, a kókusztejet, a cukrot és a csipet sót.

c) Lassú tűzön, gyakori kevergetés mellett addig főzzük, amíg a keverék besűrűsödik.

d) Vegyük le a tűzről, és keverjük hozzá a pépesített banánt és a vaníliakivonatot.

e) Tálalás előtt hagyjuk kihűlni a pudingot. Melegen vagy hűtve fogyasztható.

81. Fijian Ananász és kókusz apróság

ÖSSZETEVŐK:

- 1 nagy piskóta vagy font torta, kockára vágva
- 1 csésze friss ananász, kockára vágva
- 1 csésze kókuszkrém
- 1 csésze kemény tejszín, felvert
- 1/2 csésze cukor
- 1/2 csésze pirított kókuszreszelék
- Friss mentalevél díszítéshez

UTASÍTÁS:

a) Egy apró edénybe vagy üveg tálalótálba rétegezzük a kockákra vágott tortát, a felkockázott ananászt és a pirított kókuszreszeléket.

b) A rétegekre kenjük a kókuszkrémet.

c) Ismételje meg a rétegeket, amíg az edény meg nem telik.

d) Tetejszínhabbal és cukorral megkenjük.

e) Díszítsük friss menta levelekkel.

f) Tálalás előtt legalább egy órára hűtsük le az apróságot.

82. fidzsi kókusztorta (Tavola)

ÖSSZETEVŐK:
- 1 db előre elkészített pitehéj
- 2 csésze frissen reszelt kókusz
- 1 csésze cukor
- 1/4 csésze vaj, olvasztott
- 2 tojás, felvert
- 1/2 teáskanál vanília kivonat

UTASÍTÁS:
a) Melegítsd elő a sütőt 180°C-ra (350°F).
b) Helyezze a pitehéjat egy pitetálba.
c) Egy keverőtálban keverjük össze a kókuszreszeléket, a cukrot, az olvasztott vajat, a felvert tojásokat és a vaníliakivonatot.
d) Jól keverjük össze, és öntsük a masszát a tortára.
e) Körülbelül 30-40 percig sütjük, vagy amíg a torta megszilárdul és a teteje aranybarna lesz.
f) Hagyja kihűlni, mielőtt felszeletelné és tálalná ezt a fidzsi kókusztortát.

83. Fidzsi banán és kókusz puding

ÖSSZETEVŐK:

- 4 érett banán, pépesítve
- 1/2 csésze kókuszreszelék
- 1/2 csésze cukor
- 1/2 csésze univerzális liszt
- 1/2 tk sütőpor
- 1/4 csésze vaj, olvasztott
- 1/2 csésze tej

UTASÍTÁS:

a) Melegítsd elő a sütőt 180°C-ra (350°F).

b) Egy keverőtálban keverjük össze a pépesített banánt, a kókuszreszeléket, a cukrot, a lisztet és a sütőport.

c) Keverjük hozzá az olvasztott vajat és a tejet, hogy sima tésztát kapjunk.

d) Öntsük a masszát egy kivajazott tepsibe, és süssük körülbelül 30-40 percig, vagy amíg a teteje aranybarna nem lesz, és egy fogpiszkáló tisztán ki nem jön.

e) Hagyja kihűlni, mielőtt felszolgálja ezt a vigasztaló fidzsi banán- és kókuszpudingot.

84. Fijian Taro és Kókuszgolyók (Kokoda Maravu)

ÖSSZETEVŐK:

- 2 csésze taro, megfőzve és pépesítve
- 1 csésze kókuszreszelék
- 1/2 csésze cukor
- 1/4 csésze liszt
- 1/2 teáskanál vanília kivonat

UTASÍTÁS:

a) Egy keverőtálban keverjük össze a taropürét, a kókuszreszeléket, a cukrot, a lisztet és a vaníliakivonatot.
b) Jól keverjük össze, hogy tésztát kapjunk.
c) A keverékből kis golyókat formázunk, és egy tálcára helyezzük.
d) Tálalás előtt körülbelül egy órára hűtsük le a taro- és kókuszgolyókat a hűtőben.

85. Fidzsi ananász és banán kenyér

ÖSSZETEVŐK:

- 1 1/2 csésze univerzális liszt
- 1 tk sütőpor
- 1/2 teáskanál szódabikarbóna
- 1/2 csésze cukor
- 2 érett banán, pépesítve
- 1/2 csésze zúzott ananász, lecsepegtetve
- 1/4 csésze növényi olaj
- 2 tojás
- 1/2 teáskanál vanília kivonat

UTASÍTÁS:

a) Melegítsd elő a sütőt 180°C-ra, és kenj ki egy tepsit.

b) Egy tálban keverjük össze a lisztet, a sütőport, a szódabikarbónát és a cukrot.

c) Egy másik tálban keverjük össze a pépesített banánt, a tört ananászt, a növényi olajat, a tojást és a vaníliakivonatot.

d) A nedves és száraz hozzávalókat összedolgozzuk, majd a masszát a kivajazott tepsibe öntjük.

e) Süssük körülbelül 45-50 percig, vagy amíg egy fogpiszkáló tisztán ki nem jön.

f) Szeletelés és tálalás előtt hagyjuk kihűlni az ananászos és banános kenyeret.

ITALOK

86. Fijian Kava Root Drink

ÖSSZETEVŐK:
- Kava gyökérpor vagy zúzott kava gyökér
- Víz

UTASÍTÁS:
a) Egy nagy tálba vagy "tanoába" (hagyományos kava tálba) helyezze a kívánt mennyiségű kava gyökérport vagy zúzott kava gyökeret.
b) Öntsön vizet a tálba, és alaposan gyúrja vagy keverje össze a kava gyökerét.
c) Addig folytassa a keverék dagasztását vagy keverését, amíg a folyadék sárossá nem válik, és a káva-kivonatok elkeverednek a vízben.
d) Öntse a kava italt egy szűrőn vagy ruhán keresztül, hogy eltávolítsa a szilárd részecskéket, és csak a káva-infúziós folyadék maradjon meg.
e) A Fijian Kava Root Drink-t kis, „bilo" vagy „taki" nevű csészékben tálaljuk, hogy megosszuk a barátok és a vendégek között.
f) Megjegyzés: A Kava gyökér ital egy hagyományos fidzsi ital, amelyet évszázadok óta fogyasztanak társadalmi és kulturális összejöveteleken. Elengedhetetlen, hogy felelősségteljesen igya a kavát, és legyen tudatában a gyógyszerekkel vagy egészségügyi állapotokkal való esetleges kölcsönhatásoknak.

87. Fiji banán turmix

ÖSSZETEVŐK:

- 2 érett banán
- 1/2 csésze joghurt
- 1/2 csésze kókusztej
- 2 evőkanál méz (ízlés szerint)
- jégkocka (opcionális)

UTASÍTÁS:

a) Turmixgépben keverje össze az érett banánt, a joghurtot, a kókusztejet és a mézet.
b) Ha hidegebb turmixot szeretne, adjon hozzá jégkockákat.
c) Keverjük simára és krémesre.
d) Öntse poharakba, és élvezze a fidzsi banánturmixot.

88. Fijian Ananász puncs

ÖSSZETEVŐK:
- 2 csésze friss ananászlé
- 1/2 csésze narancslé
- 1/4 csésze limelé
- 1/4 csésze cukor
- 2 csésze szénsavas víz
- Díszítésnek ananász és lime szeletek

UTASÍTÁS:
a) Egy kancsóban keverje össze a friss ananászlevet, a narancslevet, a lime levét és a cukrot. Addig keverjük, amíg a cukor fel nem oldódik.

b) Adjunk hozzá pezsgő vizet, és óvatosan keverjük össze.

c) A fidzsi ananász puncsot jéggel töltött poharakba tálaljuk, és ananász- és limeszeletekkel díszítjük.

89. Fidzsi kókusz és rum koktél

ÖSSZETEVŐK:
- 2 oz fehér rum
- 1 oz kókuszkrém
- 3 oz ananászlé
- Tört jég
- Díszítésnek ananászszelet és maraschino cseresznye

UTASÍTÁS:
a) Shakerben keverje össze a fehér rumot, a kókuszkrémet és az ananászlevet.
b) Jól rázzuk fel jéggel, amíg kihűl.
c) A koktélt zúzott jéggel töltött pohárba szűrjük.
d) Díszítsük egy ananászszelettel és egy maraschino cseresznyével.

90. Fidzsi gyömbéres sör

ÖSSZETEVŐK:

- 1 csésze friss gyömbér, meghámozva és felszeletelve
- 2 csésze cukor
- 2 csésze víz
- 2 citrom leve
- Szódavíz

UTASÍTÁS:

a) Egy serpenyőben keverje össze a friss gyömbért, a cukrot és a vizet. Forraljuk fel és pároljuk körülbelül 15-20 percig.

b) Hagyja kihűlni a gyömbéres keveréket, és szűrje le, hogy eltávolítsa a gyömbérdarabokat.

c) Keverjük hozzá a citromlevet.

d) Tálaláshoz töltsünk egy pohárba jéggel, adjunk hozzá egy adag gyömbérszirupot, és öntsük fel szénsavas vízzel. Állítsa be az erősséget ízlése szerint.

91. Fijian Papaya Lassi

ÖSSZETEVŐK:

- 1 érett papaya meghámozva, kimagozva és felkockázva
- 1 csésze joghurt
- 1/2 csésze kókusztej
- 2-3 evőkanál méz (ízlés szerint)
- jégkocka (opcionális)

UTASÍTÁS:

a) Turmixgépben keverje össze az érett papayát, a joghurtot, a kókusztejet és a mézet.

b) Ha hidegebb italt szeretne, adjon hozzá jégkockákat.

c) Keverjük simára és krémesre.

d) Öntse poharakba, és élvezze a frissítő fidzsi papaya lassit.

92. Fidzsi rum puncs

ÖSSZETEVŐK:
- 2 oz sötét rum
- 2 oz ananászlé
- 2 oz narancslé
- 1 oz limelé
- 1 oz grenadin szirup
- Díszítésnek ananász és narancs szeletek

UTASÍTÁS:
a) Shakerben keverje össze a sötét rumot, az ananászlevet, a narancslevet, a lime levét és a grenadine szirupot.
b) Jól rázza fel jéggel, amíg kihűl.
c) Szűrjük a puncsot egy jéggel teli pohárba.
d) Díszítsd ananász- és narancsszeletekkel a trópusi hatás érdekében.

93. Fijian ananász és kókusz turmix

ÖSSZETEVŐK:

- 1 csésze friss ananászdarabok
- 1/2 csésze kókusztej
- 1/2 csésze joghurt
- 2-3 evőkanál méz (ízlés szerint)
- jégkocka (opcionális)

UTASÍTÁS:

a) Egy turmixgépben keverje össze a friss ananászdarabokat, a kókusztejet, a joghurtot és a mézet.

b) Ha hidegebb turmixot szeretne, adjon hozzá jégkockákat.

c) Keverjük simára és krémesre.

d) Öntse poharakba, és élvezze a trópusi fidzsi ananászos és kókuszos turmixot.

94. Fijian Mango Lassi

ÖSSZETEVŐK:
- 1 érett mangó meghámozva, kimagozva és felkockázva
- 1 csésze joghurt
- 1/2 csésze tej
- 2-3 evőkanál méz (ízlés szerint)
- jégkocka (opcionális)

UTASÍTÁS:

a) Turmixgépben keverje össze az érett mangót, a joghurtot, a tejet és a mézet.

b) Ha hidegebb italt szeretne, adjon hozzá jégkockákat.

c) Keverjük simára és krémesre.

d) Öntse poharakba, és kóstolja meg ezt az elragadó fidzsi mangó lassit.

95. Fidzsi kókuszos Mojito

ÖSSZETEVŐK:
- 2 oz fehér rum
- 2 dkg kókuszkrém
- 1 lime leve
- 6-8 friss mentalevél
- 1 tk cukor
- Szódavíz

UTASÍTÁS:

a) Egy pohárban keverje össze a friss mentaleveleket és a cukrot, hogy felszabadítsa a menta ízét.

b) Adjuk hozzá a fehér rumot, a kókuszkrémet és a lime levét.

c) Töltsük meg a poharat jéggel, és öntsük fel szódával.

d) Óvatosan keverjük össze, és díszítsük menta ággal és lime szelettel.

96. Fidzsi gyömbér és citromfű tea

ÖSSZETEVŐK:

- 2-3 szelet friss gyömbér
- 2-3 citromfű szál darabokra vágva
- 2 csésze víz
- Méz vagy cukor ízlés szerint

UTASÍTÁS:

a) Egy serpenyőben vizet forralunk, és hozzáadjuk a gyömbért és a citromfüvet.

b) Körülbelül 10-15 percig pároljuk, hogy az ízek átjárják.

c) Levesszük a tűzről, és ízlés szerint mézzel vagy cukorral édesítjük.

d) A teát leszűrjük és forrón tálaljuk. Ez egy nyugtató és aromás fidzsi gyógytea.

97. Fijian Tamarind Cooler

ÖSSZETEVŐK:

- 1 csésze tamarind pép
- 4 csésze víz
- 1/4 csésze cukor (ízlés szerint)
- Jégkockák

UTASÍTÁS:

a) Egy kancsóban keverjük össze a tamarind pépet, a vizet és a cukrot. Addig keverjük, amíg a cukor fel nem oldódik.

b) Adjon hozzá jégkockákat, hogy lehűtse az italt.

c) Tálalja a fidzsi tamarind hűtőt egy édes és csípős frissítőért.

98. Fijian Kava Colada

ÖSSZETEVŐK:

- 2 oz kava gyökér kivonat (hagyományos fidzsi módszer szerint elkészítve)
- 2 dkg kókuszkrém
- 2 oz ananászlé
- 1 oz fehér rum
- Tört jég
- Díszítésnek ananászszelet és maraschino cseresznye

UTASÍTÁS:

a) Készítsen kava gyökér kivonatot a hagyományos fidzsi módszer szerint.
b) Egy shakerben keverje össze a kava gyökérkivonatát, a kókuszkrémet, az ananászlevet és a fehér rumot.
c) Jól rázzuk fel jéggel, amíg kihűl.
d) A koktélt zúzott jéggel töltött pohárba szűrjük.
e) Díszítsük ananászszelettel és maraschino cseresznyével.

99. Fidzsi görögdinnye és menta hűtő

ÖSSZETEVŐK:
- 4 csésze kockára vágott görögdinnye
- 2 lime leve
- 1/4 csésze friss mentalevél
- 2-3 evőkanál méz (ízlés szerint)
- Jégkockák

UTASÍTÁS:

a) Turmixgépben keverje össze a kockára vágott görögdinnyét, a lime levét, a friss mentaleveleket és a mézet.

b) Adjon hozzá jégkockákat, hogy lehűtse az italt.

c) Keverjük simára és frissítővé.

d) Tálalja a fidzsi görögdinnye és menta hűsítőjét a revitalizáló élményért.

100. Fijian Passion koktél

ÖSSZETEVŐK:

- 6 uncia maracuja gyümölcslé
- 2 uncia ananászlé
- 6 uncia sötét rum (előnyösen a fidzsi rum)
- 6 uncia tripla mp
- tört jég
- friss gyümölcs (díszítéshez)

UTASÍTÁS:

a) Keverje össze a gyümölcsleveket, a rumot és a Triple Sec-et.
b) Töltse meg a turmixgépet zúzott jéggel.
c) Turmixoljuk sárgásra.
d) Margaritas poharakba tálaljuk, gyümölccsel díszítve.

KÖVETKEZTETÉS

A „RECEPTKÖNYV A TROPIKUS FIJI ÍZEKBŐL" című gasztronómiai utazásunk befejezésekor reméljük, hogy nemcsak a fidzsi főzést meghatározó ízek egyedi fúzióját fedezte fel, hanem arra is inspirációt kapott, hogy a Fidzsi-szigetek ízét vigye be saját konyhájába.

A fidzsi konyha, amely a friss, helyi alapanyagokra és a kulturális sokszínűségre helyezi a hangsúlyt, az ételek elragadó skáláját kínálja, amelyeket megkóstolhat és megoszthat barátaival és családjával. A fidzsi vendégszeretet melegsége és a trópusi paradicsom, amely ezeknek az ízeknek a háttereként szolgál, most már a kulináris repertoár része lehet.

Javasoljuk, hogy folytassa a fidzsi főzés felfedezését, adaptáljon és készítsen olyan ételeket, amelyek tükrözik saját ízlését és tapasztalatait. Akár hagyományos fidzsi lakomákat készít, akár fidzsi ihletésű ételeket készít, kulináris utazása legyen tele örömmel, ízekkel és egy kis paradicsommal. Vinaka vakalevu (nagyon köszönjük), és itt van még sok finom étel, amelyet a fidzsi ízek egyedülálló fúziója ihletett.

www.ingramcontent.com/pod-product-compliance
Lightning Source LLC
Chambersburg PA
CBHW071310110526
44591CB00010B/855